北京市教育科学"十二五"规划2015年度重点课题（优先关注）
基础教育学校课堂教学实验研究课题研究成果（课题编号ABA15010）

中学英语活力课堂优秀教学设计

ZHONGXUE YINGYU
HUOLI KETANG
YOUXIU JIAOXUE SHEJI

主　编：李　艳
副主编：郝　静
参　编（排名不分先后）：
杨　岩　张　莉　王　晶　郑　磊　马　葵　陈　斌　何　明　曹向前　顾俊所
崔丽慧　赵　洁　陈　鑫　孙小梅　陈林林　陈　耀　张红旗　苏　静　张　晶
赵利佳　陈　青　杨立宪　朱燕燕　王　薇　杨健雅

EDUCATION AND RESEARCH

北京师范大学出版集团
BEIJING NORMAL UNIVERSITY PUBLISHING GROUP
北京师范大学出版社

图书在版编目(CIP)数据

中学英语活力课堂优秀教学设计 / 李艳主编. —北京：北京师范大学出版社，2019.10(2022.1重印)
ISBN 978-7-303-25167-4

Ⅰ．①中… Ⅱ．①李… Ⅲ．①英语课—课堂教学—教学设计—研究—中学 Ⅳ．①G633.412

中国版本图书馆 CIP 数据核字(2019)第 208934 号

营　销　中　心　电　话　010-57654738　57654736

北师大出版社职业教育分社网　http：//zjfs.bnup.com

电　子　信　箱　zhijiao@bnupg.com

ZHONGXUE YINGYU HUOLI KETANG YOUXIU
JIAOXUE SHEJI

出版发行：北京师范大学出版社　www.bnup.com
　　　　　北京市西城区新街口外大街 12-3 号
　　　　　邮政编码：100088
印　　刷：北京虎彩文化传播有限公司
经　　销：全国新华书店
开　　本：889 mm×1194 mm　　1/16
印　　张：8.75
字　　数：150 千字
版　　次：2019 年 10 月第 1 版
印　　次：2022 年 1 月第 2 次印刷
定　　价：26.80 元

策划编辑：易　新　　　　责任编辑：赵媛媛
美术编辑：焦　丽　　　　装帧设计：焦　丽
责任校对：康　悦　　　　责任印制：马　洁

前　言

　　课堂是教与学发生的主要场所。学生作为课堂的主要参与者，是具有生命力的个体。他们需要学习体验、被激励、被唤醒，需要释放自己的潜力和能量，需要焕发、提升自己的生命活力。因此，一线教师有必要打造符合学生发展需求的活力课堂。

　　英语活力课堂在本书中是一个由师生共同构建，以英语学科知识、技能以及情感、态度、价值观的生成为目的，以英语教学内容为载体，具有生态特征以及时间和空间延展性的动态系统。在这个动态系统中，教师和学生处于互为主体、彼此依赖的人文环境中。这个互动过程是以学科知识、学科技能以及情感、态度、价值观的生成为目的的，在英语学科中，则是以语言能力、文化品格、思维品质、学习能力的获得为表现，以英语教学事件在学生主体内部生成为目的的。

　　英语活力课堂的维度有语言活力、资源活力、思维活力、情感活力。每个维度下分别有相应的课堂表现特征，如语言活力包括语言流畅、输出有效、动态生成；资源活力包括素材多样、课件有效、学案合理；思维活力包括逐层递进、自主探究、思维导图；情感活力包括联系生活、理解尊重、品格培养。

　　本书中的教学案例以活力课堂的维度和构建为出发点，基于英语学科核心素养的要求，分别从听说课、阅读课和写作课的角度，整理、收集了一线教师的优秀教学设计。这些教学设计中有曾经在国家、省、市、区级比赛中获奖的优秀作品，也有大型公开课、研究课的优秀范例。这些教学设计虽然形式和风格不尽相同，但都围绕着活力课堂的构建，指向对学生语言能力、文化品格、思维品质和学习能力这些英语学科核心素养的培养，比较好地体现了英语学习活动观。在每一个教学设计中，教师都积极创设主题情境，活用教学资源，通过丰富而有层次的学习活动，鼓励学生在与文本和他人的互动中，获得语言知识和文化知识；通过学习理解、应用实践、迁移创新等一系列语言、思维与文化相结合的活动，引导学生获取、整合、内化信息，理解和表达观点、情感和态度，学会分析问题、解决问题，形成正确的价值观，发展语言能力和学习能力，提升思维品质，培养文化品格，落实英语学科核心素养。希望这些教学设计能够为教师创新课堂教学模式，培养学生学科核心素养提供一些思路和借鉴。

目　录

第一章　听说课教学设计

第二章　阅读课教学设计

第三章　写作课教学设计

第一章　听说课教学设计

外研版八年级 Module 12 Unit 1

You must wait and open it later.

教学基本信息	
课题	Module 12 Unit 1 You must wait and open it later.
教材	外研版①八年级上册
课型	听说课

一、教学背景

（一）教学内容

本节课的教学内容是外研版八年级上册模块12第1单元。本节课是一节听说课，课文对话以"过生日送礼物"为主题，谈论中西方接受礼物的不同礼仪以及中国传统节日——春节的习俗。本模块的语言功能是用 must、mustn't、can、can't 表述某地的风俗习惯或某场所的礼仪，为第二节阅读课提供语言支撑。

（二）学生情况

八年级的学生对情态动词的基本用法并不陌生，所以在本节课上教师不会侧重讲解情态动词的语法功能，而是在考虑初中生应该学会尊重不同文化和传统的基础上，讲解礼仪和习俗，设计拓展阅读的内容和语言操练活动。

（三）教学资源

教师自拍的小视频、课文及录音、讲义（handouts）、幻灯片、图片等。

---

① 外研版是指外语教学与研究出版社出版的《义务教育教科书 英语》。

二、教学目标

（一）知识与技能

· 学生能够正确拼读本节课所学的有关"生日礼物"的单词。

· 学生能够听懂有关礼仪和习俗的对话，并能从中提取信息和观点。

· 学生能够掌握 must、mustn't、can、can't 表达的含义，并正确使用这些情态动词谈论礼仪和习俗，表达观点和意见。

（二）过程与方法

通过"信息差"活动，学生能够与他人沟通信息，合作完成任务。

（三）情感、态度、价值观

在小组学习、交流的过程中，学生能够学会分享与倾听，尊重他国的传统和文化，注意公共场合的礼仪，做文明人。

三、教学流程示意图

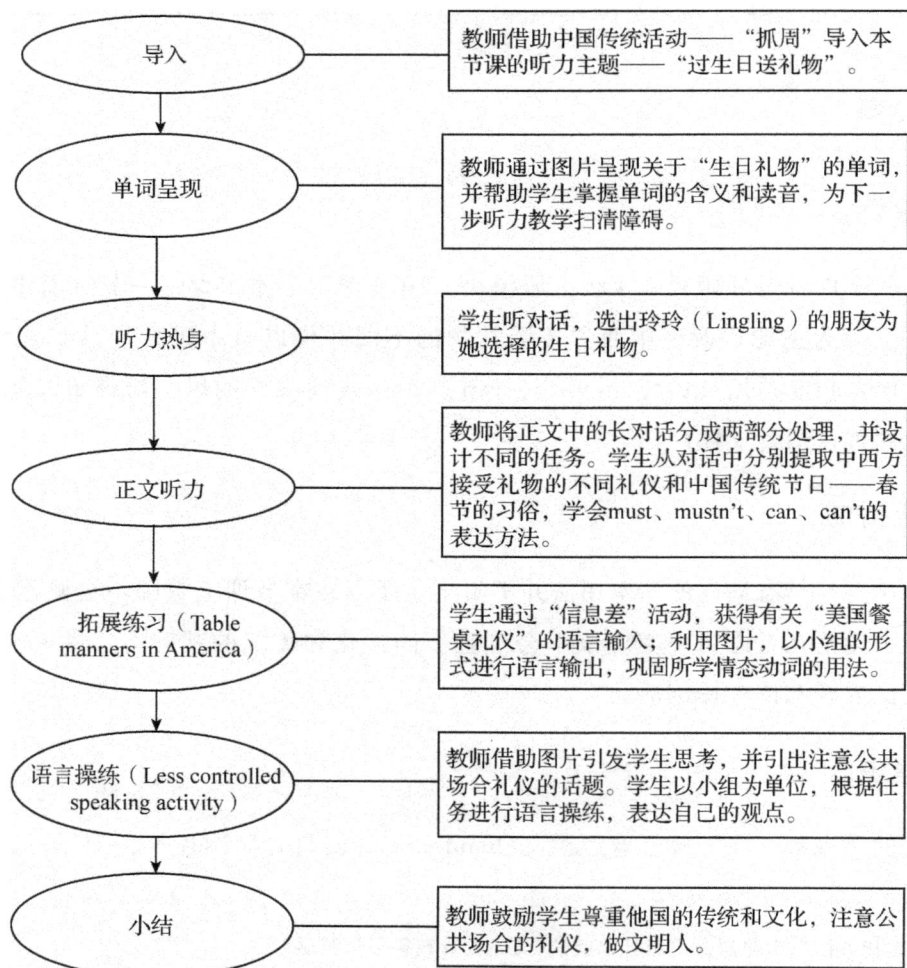

导入	教师借助中国传统活动——"抓周"导入本节课的听力主题——"过生日送礼物"。
单词呈现	教师通过图片呈现关于"生日礼物"的单词，并帮助学生掌握单词的含义和读音，为下一步听力教学扫清障碍。
听力热身	学生听对话，选出玲玲（Lingling）的朋友为她选择的生日礼物。
正文听力	教师将正文中的长对话分成两部分处理，并设计不同的任务。学生从对话中分别提取中西方接受礼物的不同礼仪和中国传统节日——春节的习俗，学会must、mustn't、can、can't的表达方法。
拓展练习（Table manners in America）	学生通过"信息差"活动，获得有关"美国餐桌礼仪"的语言输入；利用图片，以小组的形式进行语言输出，巩固所学情态动词的用法。
语言操练（Less controlled speaking activity）	教师借助图片引发学生思考，并引出注意公共场合礼仪的话题。学生以小组为单位，根据任务进行语言操练，表达自己的观点。
小结	教师鼓励学生尊重他国的传统和文化，注意公共场合的礼仪，做文明人。

四、教学过程

教学环节	教师活动	学生活动	设计意图	时间安排
导入	教师播放视频，让学生猜测："What did my son do on his first birthday?"	学生看视频，根据所给提示猜出教师的儿子在过一岁生日时进行的特别活动——"抓周"。	借助中国传统活动——"抓周"导入本节课的听力主题——"过生日送礼物"，激发学生的兴趣。	2分钟
单词呈现	教师展示图片，呈现关于"生日礼物"的单词，并帮助学生掌握单词的含义和读音。	学生看图片并拼读单词。	呈现和展示本节课词汇，使学生在自然的语境中了解单词的含义，掌握正确的读音，为下一步听力教学扫清障碍。	5分钟
听力热身	教师播放听力录音，然后提出问题："What birthday gift did Lingling's friends choose for her?"	学生听对话，选出玲玲的朋友为她选择的生日礼物。	听录音并提取关键信息，为下一步完成正文听力做铺垫。	3分钟
正文听力	第一部分的听力内容为中西方接受礼物的不同礼仪： 1. 教师要求学生四人一组，对听力内容按其内在逻辑进行排序。 2. 教师播放听力录音，让学生核对排序结果并朗读。 3. 教师再次播放听力录音，让学生回答出中、美、英三国接受礼物的不同礼仪。	1. 学生四人一组，对听力内容进行排序。 2. 听录音并核对答案，然后四人分角色朗读对话。 3. 学生回答中、美、英三国接受礼物的不同礼仪。	听前排序可以激发学生兴趣，并训练学生根据对话的内在逻辑正确排序的能力。	10分钟
	第二部分的听力内容为中国传统节日——春节的习俗。 教师播放听力录音，然后提出问题："What are they talking about?""What must and mustn't people do at the Spring Festival?"	1. 学生听对话谈论的主要内容。 2. 学生听细节，回答在春节时应该与不应该做的事情。	训练学生听关键信息的能力，并强化其对must、mustn't、can、can't 的正确使用。	
拓展练习（Table manners in America）	1. 学生两人一组，教师发给学生A和学生B不同的阅读材料，并交代任务。 2. 学生四人一组，教师发给每组一张图片，让各组指出图片中人物的不当举止。	1. Pair work：学生两人合作，朗读并分享阅读材料的内容，补全信息。 2. Group work：学生根据补全的材料，用must、mustn't、can、can't指出图片中每个人的不当举止。	1. 学生通过"信息差"活动，巩固有关"美国餐桌礼仪"的语言输入。 2. 学生通过小组活动进行语言输出，巩固所学情态动词的用法。	8分钟

续表

教学环节	教师活动	学生活动	设计意图	时间安排
语言操练 （Less controlled speaking activity）	教师出示一组展示公共场合劣习的图片，让学生四人一组，选择一种场合讨论人们应该或不该做什么。	学生四人一组进行语言操练，运用情态动词表达自己的观点。	用图片引发学生思考并引出话题，使学生通过小组活动进行语言输出，巩固所学情态动词的用法。	10分钟
小结	教师鼓励学生尊重他国的传统和文化，注意公共场合的礼仪，做文明人。	巩固情感、态度、价值观目标。	2分钟

五、板书设计

Module 12 Unit 1 You must wait and open it later.

sb. must(mustn't) / can(can't) do sth. {
when accepting a gift.
on New Year's Day.
when eating.
in public.
}

六、作业设计

句子写作（设计好的作业纸）：在教师所列出的几种公共场合中任选一种，用目标语言must、mustn't，表达人们在这种场合应该或不应该做什么。每种表达不少于5句话。

七、教学效果评价

> 1. 自我评价
> 请在符合自己情况的选项前的方框内画"√"。
>
> 我的思维状态：　□兴奋　□活跃　□积极　□一般
>
> 我参与讨论的态度：　□积极　□一般　□不够积极
>
> 我在课上的收获：　□很大　□较大　□不太大　□很小
>
> 2. 小组评价
> 请根据同伴的表现，在相应选项前的方框内画"√"。
>
> 课堂上的参与程度：　□很高　□较高　□一般　□不高
>
> 课堂上的总体表现：　□优　□良　□及格　□不及格
>
> 3. 教师评价
>
> _____
>
> _____

八、本教学设计的特点

（一）导入有特色

本节课以中国传统活动"抓周"导入，亲切、自然，拉近了师生关系，也直接引出了本节课的话题。教师自拍的小视频更是起到了活跃课堂气氛的作用。

（二）听力的设计和处理有特色

教师让学生四人一组合作，在听前先排序，大大激发了学生的兴趣，也使其听的目标更明确，听的结果更有效。此外，教师将一大段对话根据不同内容分成两部分处理，降低了听力的难度，同时设计了自然的过渡，使学生的思路不被打断。

（三）"信息差"活动设计有特色

本节课中关于"美国餐桌礼仪"的"信息差"活动的设计，让原本枯燥的语言输入环节变得有交际意义，大大减轻了学生的表达压力。

（四）各环节衔接有特色

本节课的内容和活动较多，但各环节的衔接自然顺畅，环环相扣。活动的内容设计和过渡语使各环节有机相连，使学生的思维自然过渡，不跳跃。

北京师范大学附属实验中学　　郝　静

外研版八年级 Module 6 Unit 1

Do you collect anything?

教学基本信息	
课题	Module 6 Unit 1 Do you collect anything?
教材	外研版八年级下册
课型	听说课

一、教学背景

（一）教学内容

本节课是外研版八年级下册模块 6 第 1 单元的一节以听说练习为主的课，话题为"爱好"。教师通过向学生介绍他人的日常爱好，让学生讨论自己的爱好以及爱好对自己成长的意义和重要性，帮助学生了解多种多样的爱好，培养学生广泛的兴趣。

（二）学生情况

本节课的授课对象是某中学基础中等偏下的一个班级的学生。他们的英语学习兴趣较浓厚，但是语言基础相对薄弱，因此教师需要在课堂上提供合适的引导，以强化学生的语言输出。学生已经基本掌握了与"爱好"有关的词汇和短语，但是仅限于非常基础的部分。

二、教学目标

（一）知识与技能

学生能够掌握一些与"爱好"这一话题相关的词汇和短语。

（二）过程与方法

· 学生能够了解爱好的不同分类。

・学生能够熟练掌握中考试题中的听说题型的答题技巧。

(三)情感、态度、价值观

学生能够了解爱好的重要性，发现自己的爱好，并培养适合自己的新爱好。

三、教学重点和难点

(一)教学重点

・让学生了解爱好的不同分类。
・让学生了解爱好的重要性。
・教会学生记笔记，以适应中考改革后新的听说题型。

(二)教学难点

教会学生针对文章进行听力转述。

四、教学过程

教学环节	教师活动	学生活动	设计意图	时间安排
Lead-in	The teacher plays a song about hobbies for the students, and then asks the students to fill in the blanks in their handouts. The teacher checks the answers.	The students listen to the song and try to fill in the blanks in their handouts.	让学生听一首有关"爱好"的歌曲，歌曲中有很多与"爱好"有关的词汇和短语，从而激发学生对"爱好"这一话题的兴趣，同时唤起学生对以往学过的有关"爱好"的词汇的回忆。	3 mins
Listening & Speaking 1	The teacher plays the first listening materials and asks the students to take notes first, and then complete the form in their handouts. The teacher checks the answers and teaches the students a way to take notes. The teacher asks the students to retell the dialogue based on the information in the form and their notes. The teacher shows them a better way to retell the dialogue.	The students listen to the listening materials and take notes, and then complete the form. The students retell the dialogue.	练习中考试题中的"听录音填信息并转述"这一新题型，同时教给学生一种记笔记的方法。	6 mins

续表

教学环节	教师活动	学生活动	设计意图	时间安排
Listening & Speaking 2	The teacher plays the second listening materials and asks the students to take notes first, and then try to answer the questions. The teacher asks the students the question："Can we divide hobbies into different groups in different ways?"	The students listen to the listening materials and take notes. The students answer the questions.	练习中考试题中的"听录音回答问题"这一新题型，同时将话题引向"爱好"的分类；通过不同的分类让学生了解不同类型的"爱好"有不同的特点，以帮助学生发现最适合自己的爱好。	5 mins
Listening & Speaking 3	The teacher plays the third listening materials and asks the students to take notes first, and then try to complete the form. The teacher shows the students another way to divide hobbies. The teacher asks the students to retell the dialogue based on their notes.	The students listen to the listening materials and take notes. The students complete the form. The students retell the dialogue based on their notes.	巩固练习记笔记的方法，练习中考试题中的"转述"这一新题型。	9 mins
Listening & Speaking 4	The teacher shows the students some pictures about "indoor & outdoor" hobbies. The teacher asks the students to divide hobbies in other different new ways.	The students try to divide hobbies in different new ways.	通过前半部分话题的引导，让学生自己总结爱好的另外一种分类方式。	3 mins
Listening & Speaking 5	The teacher asks the students to go through the passage in their handouts in only 1 minute. The teacher asks a student to read the passage loudly. The other students should listen and take notes. The teacher asks the students to complete the passage based on their notes. The teacher asks the students to think why hobbies are so important to us. The teacher asks the students to introduce their own hobbies in the similar way.	The students go through the passage in only 1 minute. One student should read the passage for others. The others should take notes and then complete the passage. The students try to conclude why hobbies are so important to us. The students introduce their own hobbies in the similar way.	指定学生朗读短文，以练习中考试题中的"朗读"题型；通过对爱好进行分类，使学生发现最适合自己的爱好；通过分析文章内容，让学生了解爱好对其成长的重要性；通过模仿文章的结构，让学生练习如何介绍自己的爱好。	14 mins

五、板书设计

Module 6 Unit 1 Do you collect anything?

make model plane
sew clothes
take photos
draw or paint
watch stars at night } different kinds { cheap or expensive
boys or girls
much or little space
fly a kite
read comic books
collect marbles

六、教学效果评价

请根据练习的完成情况，在相应的选项下方画"√"。

评价类型	题型	优秀	良好	及格	不及格
自我评价	听录音填信息				
	听录音回答问题				
	转述				
小组评价	听录音填信息				
	听录音回答问题				
	转述				
教师评价	听录音填信息				
	听录音回答问题				
	转述				

七、本教学设计的特点

在中考改革的初期，针对新的英语中考听说考试的训练材料比较少，各学校教师都希望通过各种各样的尝试帮助学生进行更有针对性的训练。但是目前，有针对性的练习材料并不多，听说专项训练的课时也不是很多，所以我校教师对课本中的听说训练内容进行了一定的改良，使学生在完成课本练习的同时对新题型有一定的接触，一举两得。

在中考题型中，改变最大的、对学生来说挑战最大的就是听力转述题型。因此，在本节课中，教师以单元话题的分类为内容线索，以中考改革新题型为形式线索，对课本中的相关听力材料进行了改良，由浅入深地向学生展示和讲解在做听力转述题时需要注意的方面，以及学生在记笔记时需要关注的方面，然后通过转述训练为学生提供应用本节课所学内容的机会，最后将听说联系到写作上，课后为学生提供一个写作的话题。本节课不仅训练了学生的听说能力，而且为后续的话题写作做好了铺垫。

北京师范大学附属实验中学　杨　岩

外研版七年级 Module 8 Unit 2

Goldilocks and the Three Bears

教学基本信息	
课题	Module 8 Unit 2 Goldilocks and the Three Bears
教材	外研版七年级下册
课型	阅读、听说课

一、教学背景

（一）教学内容

本节课是一节阅读、听说课。学生通过阅读故事"Goldilocks and the Three Bears"（《金发姑娘和三只熊》）学习动词过去式的用法。教师引导学生利用表示时间顺序的连词编写一篇有逻辑性的故事，并复述出来。

（二）教学资源

幻灯片、视频、音频、学案。

二、教学目标

（一）知识与技能

·学生能够用关键动词描述故事的发展顺序，并复述"Goldilocks and the Three Bears"的上篇。

·学生能够领会英语故事的时间发展顺序，记住连接词，并复述下篇故事。

·学生观看小故事——"Stone Soup"（《石头汤》），并能够复述出来。

·学生能够运用恰当的连词编写一则小故事。

（二）过程与方法

· 学生能够复述故事"Goldilocks and the Three Bears"。
· 学生能够使用恰当的表示时间顺序的连词编写有逻辑性且连贯的英文故事。

（三）情感、态度、价值观

学生能够体会故事中的文化、历史和人生道理。

三、教学重点和难点

（一）教学重点

帮助学生顺利完成故事的复述。

（二）教学难点

带领学生听读新故事，编写故事的复述内容。

四、教学过程

教学环节	教师活动	学生活动	设计意图	时间安排
导入	教师利用图片展现故事上篇（Once upon a time, there was a mountain with an old Buddhist monk. What was he doing? He was telling a story. What is it? Once upon a time…）。教师告诉学生将要复述"Goldilocks and the Three Bears"的故事。	学生看图，用准确的动词描述主人公 Goldilocks 在图中的动作，熟练掌握动词过去式的用法。	引发学生对故事的关注，用看图说话的方式检查学生对故事上篇的记忆情况。	5分钟
听故事	教师播放故事上篇，并呈现故事上篇的复述短文。教师并用适当的动词描述图片内容，导入故事下篇，让学生用故事中的词汇转述图片内容。教师播放故事下篇的音频，告诉学生复述一则故事需要必要的时间状语，以使故事有逻辑性，教会学生用时间状语讲述故事。	学生根据故事内容填写短文中缺失的单词。学生看图并用关键词造句，注意动词过去式的用法；认真听故事，厘清故事的时间顺序，尝试用 first、then、next、last 复述故事；了解 Goldilocks 的选择，用 first、then、next、finally 讲出有逻辑性的故事。	检查学生对故事的记忆情况和对关键词的使用情况。自然地引入下篇故事，为学生扫清生词障碍，使其关注动词过去式；引导学生用表示时间顺序的连词复述故事。	12分钟
语言输出	教师创设情境，播放"Stone Soup"（图片＋音频）。教师确认所有学生听懂故事后，让学生组成四人小组，还原故事的基本情节，然后各小组推荐一人复述故事。	学生听两遍故事，第一遍依据图片听懂大意，第二遍记住故事的基本情节和关键词。四人小组还原故事的基本情节，并推荐一人复述故事。	激发学生对英语故事的兴趣，引导学生进行合作学习，以完成复述，教会学生恰当使用表示时间顺序的连词，以使复述连贯、有逻辑性。	15分钟

续表

教学环节	教师活动	学生活动	设计意图	时间安排
复述与评价	教师听各小组复述完后做出评价。评价标准：情节是否合理，内容是否连贯，连词应用是否恰当，语言是否准确。教师总结复述活动的效果。	一名学生复述，其他组员帮忙，要做到语言到位，内容完整，分工合作。	对输出活动进行反馈和评价。	8分钟

五、板书设计

Module 8 Unit 2 Goldilocks and the Three Bears

Character：　　　　　Time：　　　　　Place：

First　　　Then　　　Next　　　Finally

六、作业设计

- 将课上对"Goldilocks and the Three Bears"这个故事的复述内容写在作业本上。
- 完成模块 8 第 2 单元的同步学案。

七、本教学设计的特点

本节课是一节阅读与听说相结合的课。模块 8 是以过去时为主要时态的故事模块，以故事为主题，以情节为串联，以复述故事为活动形式。学生通过阅读故事认识动词过去式的变化规则，了解规则变化和不规则变化的区别。从情感、态度维度上来说，故事使学生了解了"金发姑娘原则"，即不冷不热、恰到好处。

本节课的导入部分用"Once upon a time…"引出一个古老的循环故事，以激发学生的兴趣。随后，教师用图片导入发生在 Goldilocks 身上的故事，并让学生通过图片和关键词讲述故事情节。教师为学生讲解过去时的用法："我们多用过去时讲述故事，讲述以前做过的事情。"由于故事的情节简单，学生通过听故事、填词就可以领会故事的上篇内容。学生通过句型和图片的匹配来预测故事的情节发展，并很快了解了故事的下篇内容。听读结合的方式可以为学生接下来的复述做准备。鉴于七年级学生的英语水平，教师可以利用图片和关键词为学生复述提供帮助。

本节课的另一个主要任务是教会学生在复述时使用 first、then、next、finally，为其今后的英文写作打好基础。

为了让学生更好地领会过去时的用法，更好地应用顺序词讲述故事，我在课堂上呈现了一则新故事——"Stone Soup"。故事情节简单、有趣，学生很快就在小组讨论中完成了对故事情节的提炼，并推选出了代表对故事进行复述。

八、教学反思

从课程实施方面来看，本节课仍存在以下问题。

第一，导入部分过于仓促，小组讨论的时间不充裕，学生复述展示的时间被挤占。

第二，我本打算让学生用动词过去式续写"Goldilocks and the Three Bears"，但由于担心学生不能完成，于是采用了呈现既定故事的形式，以后如果有时间，还是应该给学生更大的自由发挥的空间。

第三，这节课的知识点太多，我没能及时提醒学生关注"Stone Soup"中的动词过去式。

第四，学生在小组活动中还不够主动、积极，讨论效果欠佳，但他们的总体表现还是令人满意的，在回答问题、复述故事、大声朗读故事三个环节中的表现都很好。

在今后的教学中，我要进一步加深对学生英语水平的了解，加强对课堂节奏的把控，合理安排每一个教学环节，根据实际情况及时调整教学方法，在对必要知识点进行精讲的同时，给予学生更大的自由发挥的空间。

北京师范大学附属实验中学　张　莉

外研版七年级 Module 11 Unit 1
They touch noses！

教学基本信息	
课题	Module 11 Unit 1 They touch noses！
教材	外研版七年级下册
课型	听说课

一、教学背景

（一）教学内容

本模块以"肢体语言"为主要话题。通过学习，学生要能够听懂介绍肢体语言的文章，并找出文中相关细节信息，最终运用所学词汇、句子进行表演，从而内化语言。

（二）学生情况

本节课的授课对象学习热情较高，表现欲强，能够积极参与课堂活动，但英语水平参差不齐，部分学生基础薄弱，缺乏信心。因此，教师设计的教学内容要由浅入深，循序渐进，通过小组合作的方式，在一定程度上缩小学生间的英语差距，使每个学生都能充分参与到语言实践中来，并有足够的表达机会，从而学有所获。

二、教学目标

（一）知识与技能

学生能够听懂与肢体语言有关的词汇和句子，并以演和说的形式进行输出。

（二）过程与方法

教师创设情境，激发学生的学习动机，使学生主动参与合作，从而提高综合语言运用能力。

(三)情感、态度、价值观

学生能够做到尊重文化差异,入乡随俗。

三、教学重点和难点

- 听懂有关肢体语言的词汇和句子。
- 应用有关肢体语言的词汇和句子完成小组活动。

四、教学过程

教学环节	教学活动	时间安排
导入	教师有意识地使用肢体语言,引导学生猜测课题,导入新课。	3分钟
课文讲解	教师引导学生听录音、填表格,并核对答案。 教师详细讲解听力材料中出现的肢体语言。	6分钟
词汇学习及拓展	教师将上一步听力中的答案分类,分别就两种肢体语言进行词汇拓展。 教师讲解未出现的第三类肢体语言——"手势",激发学生对于听填"手势"的兴趣。	8分钟
观看拓展视频	教师播放有关"手势"的视频,让学生听录音、填表格,并核对答案。 教师讲解视频中出现的难点。	10分钟
小组活动("我的故事")	教师说明活动步骤及要求,将学生分成四人或五人小组,并分发"故事"小条。 教师为学生设定了九个情境故事,让学生理解后,以小组的形式表演出来,其他学生根据表演者的肢体语言猜测"故事"。 教师整体巡视,个别指导。 教师总结小组活动,启发学生要尊重文化差异,入乡随俗。	13分钟

五、板书设计

Module 11 Unit 1 They touch noses!

Body Language

Body Movements | Facial Expressions | Gestures

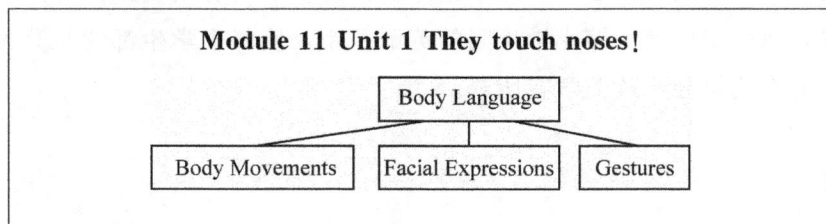

六、教学效果评价

教师检测学生能否用所学语言完成语言输出活动,以及能否用肢体语言表达不同国家人们的问候方式。

七、本教学设计的特点

　　整节课以"肢体语言"为主题，展开一系列的教学活动。教师利用肢体语言"Sit down, please."，引导学生猜测主题，将学生快速带入情境。接着，从"听录音填词，理解课文"到"学习课文词汇，从分类的角度拓展相关词汇和表达"再到"观看拓展视频，进一步学习关于肢体语言的词汇和句子"，教师逐层深入地展开教学。在这三个环节的实际操作中，学生表现出了浓厚的学习兴趣，并能够紧跟学习步骤，有意识地记忆有关肢体语言的表达。前面环节的良好铺垫，为最后一个环节"我的故事"小组活动奠定了坚实的基础。在小组活动中，学生能够积极参与讨论，按照活动要求有意识地应用所学的词汇、短语和句子，最终每个小组都成功地表演了"我的故事"，其他学生也积极地参与到"猜测故事"的环节中，并掌握了与肢体语言有关的词汇、句子及文化方面的知识，基本达到了"听懂并说出"的教学目标。在总结小组活动时，教师还有意识地针对学生在"猜测故事"环节中出现的一些理解偏差，启发学生要尊重文化差异，入乡随俗。

北京师范大学附属实验中学　王　晶

外研版七年级 Module 6 Unit 1

Could you tell me how to get to the National Stadium?

教学基本信息	
课题	Module 6 Unit 1 Could you tell me how to get to the National Stadium?
教材	外研版七年级下册
课型	听说课

一、教学背景

（一）教学内容

本模块以"旅游出行"为话题，主要涉及"问路与指路"的各种表达方式，要求学生通过读地图，标出路线及目的地的具体位置。第1单元作为本模块的起始课，其课型为听说课，要求学生在听的过程中能够获取简单信息，掌握有关问路与指路的句型，并能运用这些句型在实际生活中准确、简洁、礼貌地问路与指路。

（二）学生情况

本节课的授课对象为七年级某班学生。此班学生英语水平参差不齐，虽然大部分学生具有一定的英语基础，学习热情较高，表现欲强，能够积极参与课堂活动，但也有一小部分学生基础较为薄弱，缺乏自信。因此，教师采取了"低起点，缓迈步，逐层递进"的教学模式，设计了不同的听说活动，为学生提供了充足的体验和运用语言的机会。学生通过师生互动、同伴互动、小组活动等形式进行合作学习，从而缓解了紧张情绪，提高了学习兴趣和实效。另外，课本内容相对简单，句型较单一，因此为满足学生的学习需求，在设计过程中教师对课本内容进行了必要的整合和补充。

二、教学目标

(一)知识与技能

学生能够运用所学句型问路并准确指路。

(二)过程与方法

学生通过小组讨论,理解有关指路的对话。

(三)情感、态度、价值观

学生能够在今后的生活中做乐于助人、文明有礼的人。

三、教学重点和难点

准确指路,并在地图上画出行走路线。

四、教学流程示意图

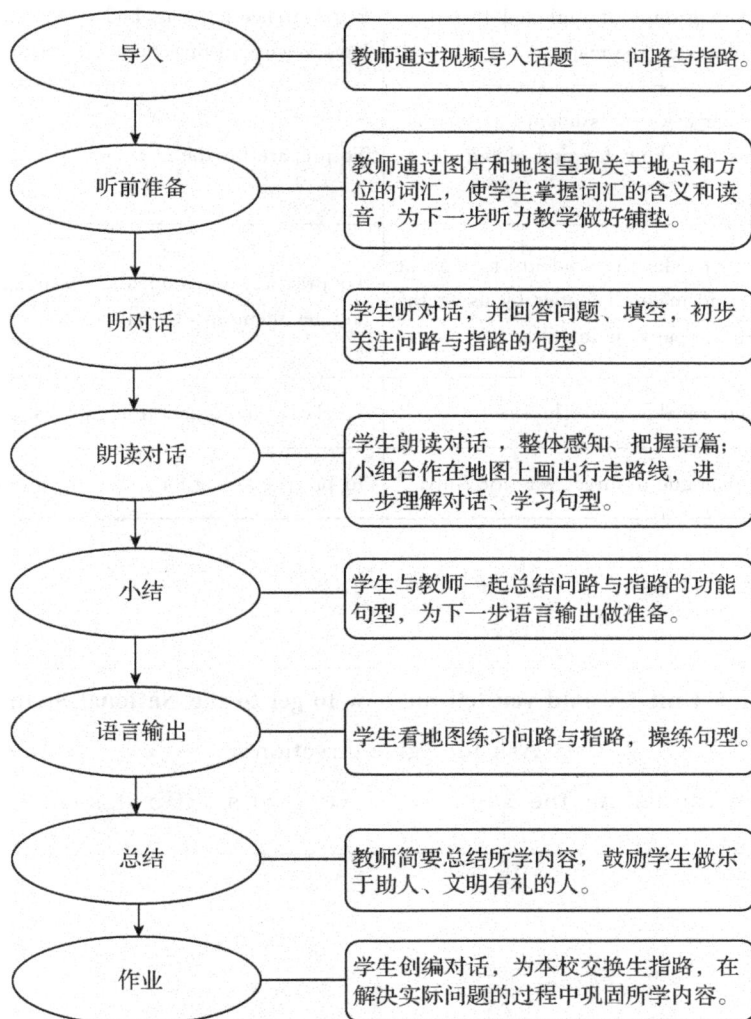

导入	教师通过视频导入话题 —— 问路与指路。
听前准备	教师通过图片和地图呈现关于地点和方位的词汇,使学生掌握词汇的含义和读音,为下一步听力教学做好铺垫。
听对话	学生听对话,并回答问题、填空,初步关注问路与指路的句型。
朗读对话	学生朗读对话,整体感知、把握语篇;小组合作在地图上画出行走路线,进一步理解对话、学习句型。
小结	学生与教师一起总结问路与指路的功能句型,为下一步语言输出做准备。
语言输出	学生看地图练习问路与指路,操练句型。
总结	教师简要总结所学内容,鼓励学生做乐于助人、文明有礼的人。
作业	学生创编对话,为本校交换生指路,在解决实际问题的过程中巩固所学内容。

五、教学过程

教学环节	教学活动	设计意图	时间安排
Lead-in	The teacher shows the students a video and leads them to what they are going to learn today.	To attract the students' attention and lead in the new lesson.	2 mins
Pre-listening	The teacher shows the students some pictures and asks them to guess the places. The teacher shows the students a map and asks them to fill in the blanks with the words and expressions.	To introduce words about places. To introduce words and expressions for describing positions.	6 mins
Listening	The teacher asks the students to listen to the dialogue and answer two questions. The teacher asks the students to fill in the blanks while they are listening.	To practice the students' listening skill of getting details. To practice the students' skill of taking notes while listening.	9 mins
Reading	The teacher asks the students to read the dialogue in groups of four and then find certain places on the map.	To make the students get familiar with some key sentence patterns and vocabulary and have a sense of directions on a map.	6 mins
Summary	The teacher asks the students to summarize ways of asking for and giving directions.	To prepare for the next step of activity.	5 mins
Speaking	The teacher asks the students to look at the map and make dialogues by using the key sentence patterns in pairs.	To practice the students' speaking skill and get them into the situation.	10 mins
Conclusion	The teacher makes a conclusion.	To clarify the function of this lesson.	1 min
Homework	Make a dialogue to direct way for Amy.	To practice asking for and giving directions.	1 min

六、板书设计

Module 6 Unit 1 Could you tell me how to get to the National Stadium?

Ask for /give directions

Can you tell me the way to…?   Go across…/Go along…

七、教学效果评价

请用"涂星"的方式做出评价。

项目	自我评价	小组评价	教师评价
是否掌握了词汇、句型	☆☆☆☆☆	☆☆☆☆☆	☆☆☆☆☆
能否听懂对话、记录信息	☆☆☆☆☆	☆☆☆☆☆	☆☆☆☆☆
能否用英文问路、指路	☆☆☆☆☆	☆☆☆☆☆	☆☆☆☆☆
能否积极参与课堂活动	☆☆☆☆☆	☆☆☆☆☆	☆☆☆☆☆

八、本教学设计的特点

(一)活动设计有梯度

在本节课中,教师设计了大量的活动,为学生提供了充足的语言学习和实践的机会,使学生充分暴露在目标语言中,进行功能句型的操练,从而提高了学习效率。教师在设计教学活动时,充分考虑了学生的基础、认知规律和接受能力。教学活动之间有梯度,为不同层次的学生搭好进步的台阶,循序渐进、由易到难地引领学生达到学习目标。本节课活动设计的梯度体现在以下方面。宏观方面:听前的词汇学习和听中的句型输入为听后的对话输出部分做了铺垫。微观方面:听前的词汇学习(地点、方位词)为听力填空部分做了铺垫,听力填空和朗读课文为总结问路与指路句型提供了依据,句型和词汇知识帮助学生完成了语言输出——编对话,以及问路与指路任务。

(二)多媒体与板书有机结合

多媒体可以将知识具体化、形象化、动态化地瞬时呈现,因此在阅读对话并在图中找出具体地点这一环节中使用多媒体动态演示行走路线,能够帮助学生更容易理解对话内容,建立空间概念,正确指路。相较于多媒体,板书可以将知识抽象化、系统化、静态化地表现出来,且时间上具有延时性,所以在总结问路与指路句型时,板书能够将本节课最核心的知识展示出来。二者相辅相成,相得益彰,不仅丰富了教学手段,而且使二者的优势得到了最大限度的发挥。

(三)课堂组织形式丰富,学习气氛融洽,学习实效高

在教学过程中,教师除了运用传统的师生互动的形式,还采取了生生互动的形式。相较于传统的师生间控制型的互动模式,学生更易于接受相对宽松的、主动的生生互动模式,尤其在面对新的和具有挑战性的事物时,这种模式能够极大地缓解学生的紧张情绪,减少其压力,提升其动力。此外,这种互动模式还可以充分利用同伴间的学习资源,培养学生的资源意识、合作意识,从而增强学习效果。

北京师范大学附属实验中学 郑 磊

外研版七年级 Module 8 Unit 1

Tony always likes birthday parties.

教学基本信息	
课题	Module 8 Unit 1 Tony always likes birthday parties.
教材	外研版七年级上册
课型	听说课

一、教学背景

（一）教学内容

本节课的教学内容是外研版七年级上册模块 8 的第 1 课时。本节课的语法内容是频度副词和动词第三人称单数形式的用法。频度副词和动词的第三人称单数形式都是英语中经常使用的语法知识，要想掌握得好，学生就必须在明确用法的前提下，多听、多读、多练、多用，做到熟能生巧。本节课的语用内容是描述家人或朋友的喜好，并为其挑选礼物。本节课将语法教学与语用教学有机地结合起来，选取了有关"生日"的话题。这个话题是学生所熟悉的，容易激发他们的兴趣。教师在授课时应充分利用这一优势，调动学生的积极性，通过丰富而有趣的练习和活动，使学生在多种语言实践中掌握知识，提高能力。

（二）学生情况

七年级学生大多在小学学习过 4～6 年的英语，对于本节课的语法知识，他们并不是第一次接触。然而，由于小学英语教学重口语、轻落实，且各校教学水平参差不齐，因此大部分学生存在概念不清、使用不当和容易疏漏的问题。这就要求教师切实了解学生的问题所在，进行有针对性的讲解和训练。在思想层面上，过生日是初中学生十分感兴趣的话题，但有些学生过于注重过生日的形式，而忽略了过生日的真正意义，造成大量浪费，甚至相互攀比，在班级中形成了不良风气。因此，如何看待生日、如何为他人选购礼物这些问题非常需要教师的指导。

教师应在教学中积极地从正面引导学生，培养其感恩的情怀、正确的价值观和友谊观，不失时机地对学生进行情感教育。

(三)教学资源

本节课讨论的是有关"生日"的话题，最好的教学资源应取材于学生的生活。对于初中学生来说，选取他们身边的人和事对他们的触动最大。

二、教学目标

(一)知识与技能

学生能够正确使用频度副词和动词第三人称单数形式。

(二)过程与方法

学生能够描述家人或朋友的喜好，并为其挑选礼物。

(三)情感、态度、价值观

学生能够对父母和家人心怀感激，对朋友和同学以诚相待、团结友爱。

三、教学重点和难点

- 频度副词的使用。
- 学会为他人选择恰当的生日礼物。

四、教学流程示意图

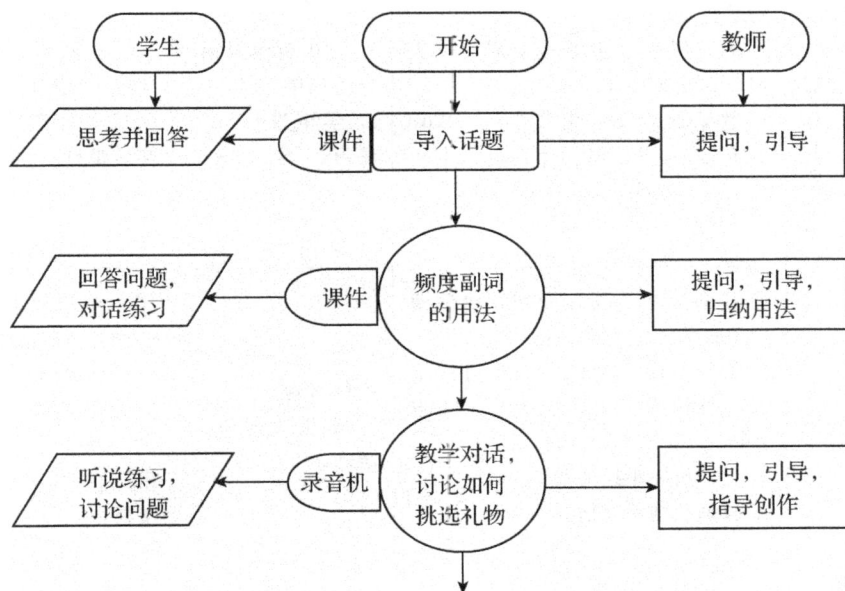

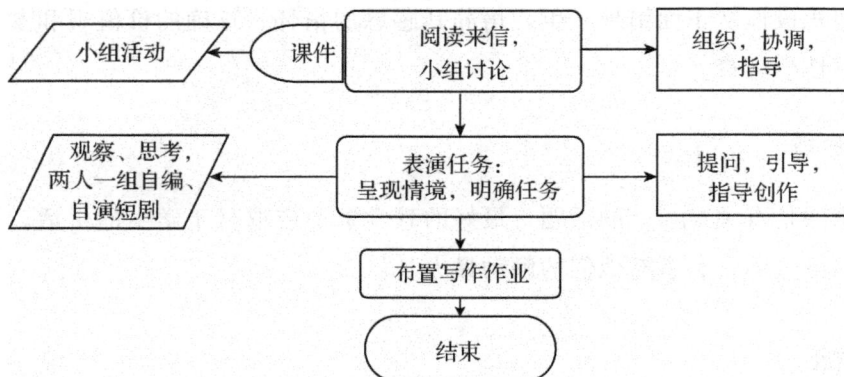

五、教学过程

教学环节		教师活动	学生活动	设计意图	时间安排
导入		1. 教师出示图片，提出问题："Which day of the year do you like best?" 2. 教师总结答案，点明本课话题为"生日"。 3. 教师引导学生进行词汇拓展。	学生观察、思考，并回答问题。	通过巧妙的设问引起学生的思考，对生日的意义进行诠释；引导学生进行词汇拓展，为后面展开话题做准备。	5分钟
课程展开	展开话题，呈现频度副词的用法	1. 教师提出问题，让学生猜测："What do I do on my birthday?" 2. 教师利用图表展示答案，呈现频度副词的用法。 3. 教师与学生进行对话练习。	学生观察、思考，回答问题，做对话练习。	利用话题的讨论自然引出频度副词，并通过图表将其用法直观、清晰地呈现出来，可谓"此时无声胜有声"。	6分钟
	学习课文对话，巩固频度副词的用法，提示学生注意动词第三人称单数形式，并且讨论如何为好友选择礼物	1. 教师指导学生听读对话，回答问题。 2. 教师提示学生注意动词第三人称单数形式。 3. 教师提出问题，引发讨论："What is a good birthday present? How should we choose presents for our friends?"	1. 学生听读对话，回答问题。 2. 学生进行听说练习。	进一步拓展话题，通过讨论明确如何挑选生日礼物，突破难点。	7分钟
	小组活动，讨论决定如何为过生日的同学挑选礼物	1. 教师让学生通过介绍，猜测要过生日的同学是谁。 2. 教师呈现一封同学的生日邀请信，明确任务——为他/她挑选礼物。 3. 教师指导小组活动。 4. 教师总结活动情况。	1. 学生阅读，并进行猜测。 2. 学生参与小组活动。	让学生以四人小组的形式完成任务，旨在培养学生的团队合作意识，增进了解，相互学习，发展友谊。	8分钟

续表

教学环节	教师活动	学生活动	设计意图	时间安排
进一步延伸话题，升华思想，让学生思考如何为父母挑选生日礼物	1. 教师提出问题，引发学生思考："Who was the happiest person in the world when you were born?"并且得出答案——父母。 2. 教师进一步引导学生思考父母之爱，提出问题："Should you do something for your parents? What presents do you want to give them on their birthday? Why?" 3. 教师引导学生当堂自编自演一个有关为父母祝贺生日的小话剧。	1. 学生思考，回答问题。 2. 两人一组编演短剧。	让学生体会父母的爱，学会感恩。	9分钟
课程总结	1. 教师概括本节课所学内容。 2. 教师布置作业：写一篇短文，简单介绍自己的父亲或母亲，并且说明打算为他/她准备什么生日礼物。	学生听讲、记录，并在课后写一篇短文。	通过总结，布置课后作业，帮助学生巩固本节课所学内容。	3分钟

六、板书设计

Module 8 Unit 1 Tony always likes birthday parties.

What do I do on my birthday?

Eat birthday cakes	☺ ☺ ☺ ☺ ☺	always
Get presents from my friends	☺ ☺ ☺ ☺	usually
Stay with my family	☺ ☺ ☺	often
Have a birthday party	☺ ☺	sometimes
Play computer games		never

When we choose presents for others, we should think of:

　　1. what he/she likes?

　　2. what he/she needs?

七、教学效果评价

(一)纸笔评价(测试知识目标达成情况)

根据实际情况完成短文。

My mother is a/an _____ . She works at _____ . After work, she _____ (always/often/sometimes/never) watches TV. She _____ (usually/often/sometimes/never) checks my homework. She often _____ at home, but she never _____ .

(二)活动表现评价

1. 自我评价

请在符合自己情况的选项前的方框内画"√"。

我的思维状态：　□兴奋　　□活跃　　□积极　　□一般

我参与讨论的态度：□积极　　□一般　　□不够积极

我在课上的收获：　□很大　　□较大　　□不太大　□很小

2. 小组评价

请根据同伴的表现，在相应选项前的方框内画"√"。

课堂上的参与程度：□很高　　□较高　　□一般　　□不高

课堂上的总体表现：□优　　　□良　　　□及格　　□不及格

3. 教师评价

_____

_____

八、教学反思

(一)通过话题的讨论和语言实践学习语法知识，成功达成既定目标

我通过提问巧妙地引入有关"生日"的话题，在话题的讨论过程中教授频度副词的用法，并以图表的形式概括其用法，然后引导学生在之后的活动中使用相关知识，使枯燥的语法学习变得生动有趣，收到了很好的效果。

(二)以学生为主体，充分发挥其主动性，激发其创新意识

在教学过程中，我注重以学生为主体，在呈现问题后，让学生通过小组合作、探究的方式分析问题、解决问题。我只是起到引导者、倾听者和帮助者的作用。这样的设计能够使课堂变得生动有趣，更重要的是能够充分发挥学生的主观能动性，培养他们分析、探究和解决问题的能力，让他们在获取知识的同时提高技能。

九、本教学设计的特点

(一)创造情境，合作探究

教师根据本节课的教学内容创设问题情境，以合作探究和讨论等方式来激发学生的求知欲和主体意识。在教学过程中，教师巧妙地创设问题情境，问题紧扣本节课的教学中心。在教师的引导下，学生通过同伴对话、小组讨论、表演等多种形式进行合作探究，达到了活学活用、

学以致用的目的。

（二）教学活动设计环环相扣、层层深入

教师根据初中生的学习特点设计了丰富多样的教学活动，在活动设计上，不但注重情境的创设和趣味性，而且更加注重层次的提升，力求层层深入、不断升华，避免重复，使得学生的能力得到充分发展。

（三）深度挖掘对话主题，寓教于乐

英语教师不仅仅是知识与技能的传授者，同时也肩负着文化传承和教书育人的使命。教师在进行教学设计时，深入挖掘教材内容，并将"生日"这一话题提升到充分观察、了解家人及朋友的喜好，对父母和家人心怀感激，对朋友和同学以诚相待、团结友爱的高度，使本节课的教学更富内涵，更具思想深度。

北京师范大学附属实验中学　马　葵

外研版八年级 Module 12 Unit 1

What should we do before help arrives?

教学基本信息	
课题	Module 12 Unit 1 What should we do before help arrives?
教材	外研版八年级上册
课型	听说课

一、教学背景

(一)教学内容

本节课的教学内容是外研版八年级上册模块 12 的第 1 课时。教师围绕"突发事故、急救"这一话题，带领学生学习情态动词 could、should、shouldn't 等的用法，使学生了解急救方法，并在发展听说能力的同时提高助人的意识和自救能力。从课时位置看，模块 10 "Accident" 和模块 12 "Help" 都是围绕事故展开的，"Help" 是事故发生后的自然接续。因此，在"真实"语境下的教学应将二者有机地结合在一起。

(二)教学资源

最好的教学资源就是日常生活。鉴于课时内容涉及的"急救"话题与学生的日常生活密切相关，除了教材中的文本材料和听力材料之外，教师根据学生的年龄特点和生活经历，还把一些日常突发事故(如 head injury、choking、nose bleed、burn 等)的应急处理方法作为教学资源。在本节课实施之前，教师刚刚参加了红十字会在学校组织的急救培训，所以把培训中的所得所感也渗透到教学中。

二、学生情况

许多学生敢于开口说英语，但在语言的流畅性方面仍有较大的提升空间。他们比较感性，教师需要围绕具体的材料激发和维持其学习兴趣。他们活泼好动，自我保护意识比较淡薄，在日常生活中难免磕磕碰碰，且缺乏相关的急救知识。

三、教学目标

（一）知识与技能

- 学生能够正确使用情态动词 could、should、shouldn't 表示建议或推测。
- 学生能够听懂谈论急救话题的听力材料。
- 学生能够用英语谈论突发事故以及应采取的简单措施。

（二）过程与方法

学生在交流、讨论急救的过程中，能够学到一些实用的急救方法，并提高救助意识和救助能力。

（三）情感、态度、价值观

学生能够提高危机防范意识，培养助人为乐的道德品质。

四、教学重点和难点

- 情态动词 could、should、shouldn't 的使用。
- 对对话内容的基本理解和深入挖掘。
- 学生在真实情境下对语言的运用。

五、教学过程

教学环节	教学活动		设计意图	时间安排
	教师活动	学生活动		
创设情境	【PPT】Play a clip of MV: Dumb ways to die. 【Question】How should we face accidents?	学生哼唱思考，回答问题。	引发学生的思考和对安全的关注，引导学生进行词汇拓展，为后面展开话题做准备。	2 mins
交流模仿	【Question】A boy is lying in pain and he isn't moving or making a sound. What should we do? 【PPT】mp3（activity 3）【handout】Listen and tick (√) the good ideas. 【handout】First-aid suggestions. 【Question】Reasons for suggestions.	1. 学生听取对话中的信息，判断建议合理与否。 2. 学生再次听对话，模仿示例，在学案上写出合理的建议，并交流汇报。 3. 学生思考，判断同伴观点，并进行讨论。	在"救助他人"的情境中，教师通过听、思、说、辩等多种形式指导学生对教材中的听力素材进行信息提取和加工，并模仿使用情态动词。学生通过观点的交流、碰撞，提升紧急"救助他人"的意识和能力；通过多维活动，弘扬乐于助人的社会美德。	12 mins

教学环节	教学活动		设计意图	时间安排
	教师活动	学生活动		
	【Question】What to do with the nose bleed? 【PPT】Play the video：How to deal with the nose bleed?	1. 学生根据生活经验，判断处理方式是否可行。 2. 学生观看视频，思考，纠正原有判断，并交流。	在"流鼻血自救"的情境中，学生通过交流、质疑等活动，练习巩固语法知识；纠正自救误区，提升自救能力、思辨能力及表达能力。	
展示提升	【Task】Let the students choose one topic and act it out. 【Handout】Role play.	1. 学生在小组内交流应急处理的措施，并判断合理性和可行性。 2. 学生在学案上完成简要的剧本编写。 3. 学生进行角色分配，并排演。 4. 学生分小组展示，其他组观看并评价。	学生通过小组合作创编、表演情景剧，巩固本节课所学语言知识；教师为学生创设"拟真实"的情境，既可以使学生交流突发事件的处理方法，又可以帮助学生了解"事故"产生的原因，增强其行为自控意识。教师通过分享参加急救培训的经历，教给学生提升救助能力的途径。	16 mins
	【Share】Take first-aid training.	学生聆听，产生共鸣。		
反思拓展	【PPT】What does each letter stand for FIRST-AID? 【Assignments】 1. Make a short play about helping someone in trouble. 2. Read *My Very First First-Aid Book*.	学生听讲，表达，并记录。	总结主题，推动学生进一步学习和思考。	2 mins

六、板书设计

Module 12 Unit 1 What should we do before help arrives？

accidents：→ { should… ，because…could… { choking
shouldn't { burn
head injury

七、教学效果评价

(一)纸笔评价(测试知识目标达成情况)

Task 1：First aid—head injury

We _____ apply a cold compress (wet cloth), such as ice bags or frozen vegetables.

Task 2：First aid—choking

If someone is choking，we _____ give them back blows at least 5 times because in this way the thing in their throat _____ come out.

Task 3：First aid—nose bleed

If someone has a nose bleed，we _____ let them pinch the soft part of the nose below the bony ridge（鼻梁）. We _____ let them lie down，or we _____ let them lean forward and breathe through the throat.

Task 4：First aid—burn

If someone gets burned，we _____ put the burn under cold running water for at least 10 minutes because in this way the burn _____ cool down. Then we _____ cover the burn with plastic wrap or a clean plastic bags because in this way the burn _____ keep clean.

(二)活动表现评价

1. 自我评价

请在符合自己情况的选项前的方框内画"√"。

我的思维状态：	□兴奋	□活跃	□积极	□一般
我参与讨论的态度：	□积极	□一般	□不够积极	
我在课上的收获：	□很大	□较大	□不太大	□很小

2. 小组评价

请根据同伴的表现，在相应选项前的方框内画"√"。

| 课堂上的参与程度： | □很高 | □较高 | □一般 | □不高 |
| 课堂上的总体表现： | □优 | □良 | □及格 | □不及格 |

3. 教师评价

_____

_____

八、本教学设计的特点

本节课在设计上的最大亮点是：基于"真实"情境，即真景、真事、真知识，推进教学。

学习是为了促进成长，而基于个体真实经验的学习，才能促进学生的真正成长。"楼梯摔倒""撞破鼻子""吃饭噎着""烫伤"等是活泼好动的八年级学生难免会遇到的一些状况，在本节课中，他们或多或少积累了一些处理这些突发状况的经验，这也是教育者比较关注的事情。

第一，真学习基于真经验。学生在真实情境中用语言学语言，还原了语言的"真"。

第二，真情境触发真思考。面对真实事件，学生思考其产生的原因，讨论应对措施，提升了行为自控意识和自我保护能力。

第三，真事件培育真情感。学生回忆受伤时渴望别人帮助的心情，推己及人，自然而然就会产生主动助人的想法。

第四，多媒体创设真情境。教师采取学生喜闻乐见的形式，如动画视频、生活图片、情景短剧等创设"拟真实"情境，增强了学生的浸入感。

北京师范大学附属实验中学　陈　斌

外研版七年级 Module 6 Unit 1
Does it eat meat?

教学基本信息	
课题	Module 6 Unit 1 Does it eat meat?
教材	外研版七年级上册
课型	听说课

一、教学背景

（一）教学内容

本节课是外研版七年级上册模块 6 第 1 单元的第 1 课时，是一节听说课。大多数学生都喜欢动物，并希望去动物园看一看。通过本节课的学习，学生可以掌握有关动物的词汇与短语、问答与表述以及一般现在时第三人称单数的肯定句、否定句、一般疑问句及其问答，同时提高爱护动物、保护自然环境的意识，并了解常见动物在英语国家中的文化含义。

（二）学生情况

本节课的话题与学生的日常生活联系密切，因此学生很熟悉这个话题。让学生自己说出动物名称和让学生根据动物身体部位来猜动物名称有助于激发他们的学习兴趣。听力部分以动物名称及其食物为主要内容，难度适中。学生在捕捉听力材料中的关键信息和细节信息时有可能会出现小问题，如拼写不准确。之后的两个听力活动是让学生围绕前面的对话进行角色扮演，设计导游词。关键是学生能否良好地运用听力材料中的重要语言并进行大胆构思，突出设计的创新性。

二、教学目标

（一）知识与技能

学生能够熟练掌握有关动物的词汇与短语、问答与表述，以及一般现在时第三人称单数的肯定句、否定句、一般疑问句及其问答。

（二）过程与方法

学生能够听懂介绍动物的对话，并在听力材料中找出细节信息，能够谈论动物并向同学介绍动物。

（三）情感、态度、价值观

学生能够提高学习英语的兴趣和积极性，增强爱护动物、保护自然环境的意识。

三、教学重点和难点

- 熟练掌握常见动物的名称及其食物，并运用所学知识进行口语练习。
- 口语活动中导游词的设计与表达。

四、教学过程

教学环节	教师活动	学生活动	设计意图	时间安排
导入	运用"头脑风暴"，教师引导学生说出动物名称，并将动物名称写在黑板上，作为"动物园"；请一名学生圈出"动物园"中的动物，其他学生判断是否正确。	学生根据引导说出动物名称。一名学生将"动物园"中的动物圈出，其他学生判断该生做出的选择是否正确。	激发学生的兴趣，并引出本模块的主题。"头脑风暴"能够调动学生已有知识，让所有学生开动脑筋，积极参与课堂活动。请一名学生圈出"动物园"中的动物，可以考查学生准确识别动物名称的能力，有助于引发学生思考，从而更好地衔接本模块的话题。	3分钟
说	Activity 1—"Hide and Seek" 教师用幻灯片呈现学生不太熟悉的动物名称，通过遮盖动物身体部位的方式让学生猜是何种动物，难度循序渐进。最后三种动物名称的难度较大，教师可以通过英文字母闪动的方式呈现。在学生猜出是何种动物后，教师询问学生部分动物的主要食物，同时用幻灯片呈现本节课重要语法点（第三人称单数和食物名称），为下一步听力活动中学生的语言输出做铺垫。	学生根据幻灯片上的提示线索猜动物。在教师揭开动物名称后，学生根据教师的引导说出部分动物的主要食物。	通过遮盖的方式让学生猜更有难度的动物名称更有助于调动学生的积极性；根据动物名称的难度设置不同的呈现方式可以激发学生的学习兴趣，引发他们的探求欲。通过问题引导学生关注动物的食物及习性，为下一个听力活动做铺垫。	15分钟
	Activity 2—Pair work：ask and answer 教师呈现幻灯片，请一名学生来和自己共同给同学们做示范。一方提问动物名称及其食物（多种），对方来回答。教师告知学生活动要求：每组两人，准备时间为2分钟，展示时间为6分钟左右。	学生通过教师和同学的示范，明确活动要求，通过句式"Does it eat …"进行操练。学生用2分钟进行两人一组的练习，最后由一个小组呈现他们的练习结果。	利用"信息差"原理来让学生练习本节课的重要语法知识：一般现在时第三人称单数的肯定句、否定句、一般疑问句及其问答。学生通过一问一答的方式，在情境中加深对语法概念的理解与认识，为后续活动做铺垫。	

续表

教学环节	教师活动	学生活动	设计意图	时间安排
听	Activity 1 教师播放第一遍录音，让学生根据对话记录关键信息，写出录音中提及的动物名称，然后通过一组图片呈现答案。 Activity 2 教师播放第二遍录音，让学生根据对话记录关键信息，写出每种动物对应的食物名称，请一名学生说出答案。 Activity 3 教师播放最后一遍录音，让学生填空，熟悉对话中的关键词，请学生一起说出答案。	Activity 1 学生记录录音中的关键信息，写出录音中提到的动物名称。一名学生说出答案，其他学生核对。 Activity 2 学生在第一遍听录音的基础上继续熟悉对话，根据对话内容记录关键信息，写出录音中提到的食物名称。一名学生说出答案，其他学生核对。 Activity 3 学生填空，熟悉对话中的关键词，最后一起说出答案。	训练学生准确捕捉对话中的关键信息以及准确提取信息的能力；通过填写对话中的关键词，让学生进一步熟悉听力材料，领会对话主要内容，为后面的口语活动做铺垫。	8分钟
说	根据对话中的情境，让学生三人一组模拟导游和游客进行角色表演；在练习的过程中给予指导和帮助，鼓励学生不拘泥于教材内容，根据自己的想法大胆进行创新，并注意肢体语言的运用。	学生三人一组进行角色表演，明确自己的台词和所要表演的角色。两组学生进行小组展示，其他同学观看展示。	用角色扮演来检测学生是否已熟悉各种动物名称及其食物，以及是否可以准确运用本节课的语法点来进行相关提问和回答；考查学生对对话内容的熟悉程度以及准确提取对话中要点的能力。	10分钟
作业	1. 教师用图片呈现四个著名动物园，让学生对其中一个进行介绍，突出其特色，引发学生关注及思考。 2. 教师让学生根据自己以往参观动物园的经历和观察，谈论理想中的动物园，包括希望引进的动物，以及自己对动物园布局的设计等，并给出参考句型，让学生在下节课进行展示。			4分钟

五、板书设计

Module 6 Unit 1 Does it eat meat？

Key structures：

Do they …？

Yes，they do. /No，they don't.

Does it …？

Yes，it does. /No，it doesn't.

北京师范大学附属实验中学　蔡元骏

第二章　阅读课教学设计

外研版八年级 Module 2 Unit 2

No one knew who I was.

教学基本信息	
课题	Module 2 Unit 2 No one knew who I was.
教材	外研版八年级下册
课型	阅读课

一、教学背景分析

(一)教学内容

本节课是外研版八年级下册模块 2 第 2 单元的第 1 课时。本模块以"友谊"为话题，通过故事说明友谊的重要性，以及如何建立和维持友谊等。本节课是一节阅读课，课题是"No one knew who I was"，讲述了一名中学生在新学校中的故事。故事情节自然流畅，情感描述细腻感人，体现了友谊的美好，传达了积极向上的生活态度。因此，表示情绪情感的形容词的学习和使用尤为重要。

(二)学生情况

本节课的授课对象是八年级某班的学生，共 42 人。学生对同伴关系处理有一定的经验与认识，此话题较贴近学生的真实生活，易于激发学生的兴趣，引发学生的思考。本班学生的词汇量较大，语言能力较强，有一定的创新能力，善于从阅读文本中学习、模仿并应用所学知识。但学生在表达的逻辑性以及多维度描述情感等方面有所欠缺。

学生可能面临的困难：忽视某一事件发展的要素，在进行情感表达时思路不够开阔，语言不够准确、生动。

二、教学目标

(一)知识与技能

学生能够通过阅读找出叙述故事的要素(who、when、where、what、how),并理解人物的情绪变化。

(二)过程与方法

学生能够恰当运用不同的情感表达方式讲述新的故事。

(三)情感、态度、价值观

学生能够珍惜友谊,积极面对困难,保持阳光的心态。

三、教学重点和难点

- 学会寻找故事发生的要素。
- 理解并运用不同的情感表达方式讲故事。

四、教学流程示意图

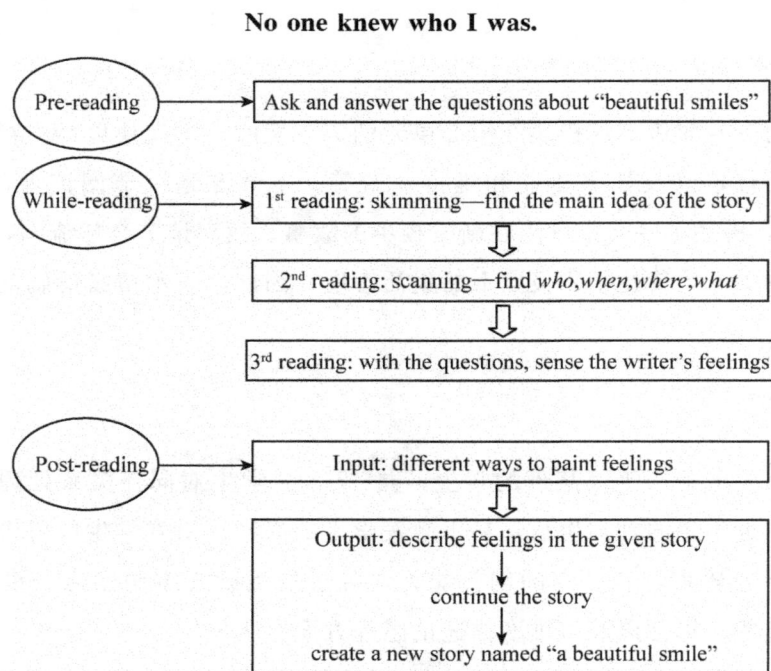

No one knew who I was.

Pre-reading	Ask and answer the questions about "beautiful smiles"
While-reading	1st reading: skimming—find the main idea of the story
	⇩
	2nd reading: scanning—find *who,when,where,what*
	⇩
	3rd reading: with the questions, sense the writer's feelings
Post-reading	Input: different ways to paint feelings
	⇩
	Output: describe feelings in the given story
	↓
	continue the story
	↓
	create a new story named "a beautiful smile"

五、教学过程

教学环节	教学活动	设计意图	时间安排
Pre-reading	The teacher leads in the lesson by asking the question: "Whose smile is the most beautiful?"	Arouse the students' interests in the topic.	2 mins
While-reading	1. The teacher shows the students four pictures, and asks them to find out the ones related to the story. 2. The teacher checks the answer.	Get the general idea of the passage.	18 mins
	1. The teacher asks the students to find out *who*, *when*, *where* by going through the first two paragraphs. 2. The teacher checks the answer.	Get the main elements of the story.	
	1. The teacher asks the students to read six sentences from the text and put them in the correct order. 2. The teacher tells the students that the text can help them when necessary. 3. The teacher checks the answer.	Find out the basic facts of the story.	
	The teacher creates four situations and asks the questions about the feelings of the writer.	Help the students sense the feelings of the writer, and pay attention to the expressions.	
Post-reading	The teacher shows the students four pictures, and help them find a better way to describe them.	Help the students learn more ways to paint feelings.	19 mins
	The teacher shows the students a situation and asks them to tell the feelings in the story using the ways learned just now.	Guide the students to use the new ways to paint feelings.	
	The teacher asks the students to continue the story in better ways.	Help the students combine the facts with feelings while telling a story.	
Homework	The teacher asks the students to create a new story named "A beautiful smile".	Consolidate what the students have learnt.	1 min

六、教学效果评价

内容完成情况调查

请根据自己的实际情况勾选相应的选项。

1. 通过课本分析，掌握文中出现的情感描写的语句。

A. 比较容易   B. 略有困难   C. 非常困难

2. 在教师所给例句的启发下，创作情感描写的语句。

A. 比较容易   B. 略有困难   C. 非常困难

3. 利用本节课所学内容，按照故事情节发展脉络，融会情感描写表述，创造自己的小故事。

A. 比较容易   B. 略有困难   C. 非常困难

七、本教学设计的特点

本教学设计有四个特点。

第一，教师能有效地引导学生了解并学习故事叙述的基本要素。

第二，教师抓住故事发展过程中的情感主线，引领学生体会并学习情感描写在故事叙述中的推动作用。

第三，教师以学生为主体，创设了生动的情境，让学生体会故事情节中主人公的情感变化，并完成语言表达方式的学习。

第四，教师设计的任务具有梯度。从文本分析到示例展示解说，再到学生自我思考并对本节课所学知识进行整合和创作，这些任务由表及里，由浅入深，帮助学生掌握用英文讲述故事的基本技能，鼓励学生用更丰富的语言表达内心情感。

北京师范大学附属实验中学　　何　　明

Cutting Edge（Intermediate）Module 11

To sue or not to sue

教学基本信息	
课题	Module 11 To sue or not to sue
教材	*Cutting Edge*（Intermediate）
课型	阅读课

一、教学背景

（一）教学内容

本节课的教学内容取材于朗文出版社出版的教材 *Cutting Edge* 中的一篇课文，题目为"To sue or not to sue"，题目本身就能引起读者的思考。本文讲述了若干个关于起诉和赔偿的小故事，从表面上看像是反映社会文化现象的说明文。实际上，作者通过他的叙事方式、词汇选择以及一些议论，在文中给出了答案——不起诉（not to sue）。因为这些事例在他看来都是没有道理的。人们为了贪欲而起诉，这种行为伤害了被起诉者乃至整个社会。对于这种不直接表达出来的观点，读者应该学会去分析和挖掘。

在作者的描述中，这些事例固然是怪诞的，而实际上通过分析我们会发现，文章中所举的例子其实充满了争议。在那些起诉的人中，有的的确受到了不公正的待遇，因为不知道详情，所以对于有些故事我们无法去判断孰是孰非。这样的思考，是我们应该鼓励学生去做的。

根据"赔偿文化"（"Compensation Culture"）的起源推测，该文章很有可能发表于 20 世纪 90 年代之后。"赔偿文化"一词在历史上颇受争议。有人质疑说，该词是媒体为了制造新闻而捏造的，也有人说这个词是某些害怕被起诉的大公司找写手创造的。从这个角度分析，作者所代表的利益群体有可能是某些害怕被起诉的大公司。事实是什么，我们今天可能无法下定论，但是在阅读的时候洞察作者的观点和目的并加以批判性的分析，则是我们应该教会学生的。

综上，本文适合训练学生的批判性思维。

（二）教学方式

本节课采取学生讨论展示为主，教师引导总结为辅的教学模式。根据语篇的内容与特点以及本课的设计思路，我们采取学生自主探究和教师启发引导相结合的教学方式。

学生在大部分课堂阅读活动中会进行分享和讨论。教师的角色主要是引导者，而学生是真正的课堂主体，在与教师的互动中学习思考。

（三）教学资源

幻灯片、投影仪、电脑、黑板、粉笔。

二、教学目标

学生能够在文章中获取诉讼案件的相关信息，了解作者的观点，并基于文本评价作者的观点。

三、教学重点和难点

（一）教学重点

读懂文中事例所包含的信息。
找出文中蕴含的作者观点。

（二）教学难点

学会分析和评价文中蕴含的作者观点。

四、教学过程

教学环节		教师活动	学生活动	设计意图	时间安排
第一部分： 导入		教师假装被绊倒，用虚拟情境引出问题："To sue or not to sue?"同时带领学生学习文中的几个核心词汇，为阅读做铺垫。	学生思考并回应教师的提问，进入情境，同时熟悉文章核心词汇。	带学生进入本课话题的情境，同时熟悉核心词汇。	4分钟
第二部分： 分组阅读， 分享信息	Step 1：阅读与分享	教师用幻灯片展示小组阅读分享的要求，分组发放不同的阅读段落（Paragraphs 2-5），并向学生明确任务和时间限制。	学生观看幻灯片，完成自己的阅读任务，之后进行小组分享。	使学生熟悉文章所包含的起诉案例。	4分钟

续表

教学环节		教师活动	学生活动	设计意图	时间安排
	Step 2：完成表格	教师出示幻灯片，分组列出表格，并逐步给出答案。 T：Now let's check the information of the chart. 教师在黑板上写出四个起诉案例的主角。	学生观看幻灯片，完成表格，并配合教师核对表格中的信息。	强化学生对文中提到的案例信息的认知。	2分钟
第三部分：整体阅读，发现观点	Step 1：举例说明如何从故事中找到观点	T：What is the writer's opinion? T：我们很难在短时间内概括出作者的观点，因为观点隐含在故事中。下面我举例说明如何找出故事中的观点。 教师用幻灯片展示示范段落。	【思考和回答】What is the writer's opinion? How can we find out the opinion?	通过对示例段落的分析，演示从故事中找到观点和态度的方法，为接下来学生从文章中找出作者的观点和态度做好铺垫。	3分钟
	Step 2：全文阅读，小组讨论，找出观点	教师发放"To sue or not to sue"全文材料，用幻灯片展示讨论问题，要求学生进行通读并找出作者的观点，之后在小组内分享。 在学生讨论的过程中，教师观察一些小组的讨论并给予简洁有力的指导和评价。	学生阅读"To sue or not to sue"全文，思考从哪些地方可以找到作者的观点，讨论文中隐含的作者观点。	让学生对文章有整体的认识，通过精读和讨论，找出文章中能表达作者观点的词句，并总结出作者的观点。	4分钟
	Step 3：表述和总结	T：Have you found clues or evidence in the passage?	学生找到线索、证据，并总结出作者的观点和态度。	使学生学会总结、归纳作者观点的方法。	3分钟
第四部分：深度讨论，评价观点	Step 1：小组讨论	教师出示幻灯片，归纳出文章观点。 T：To agree, or not to agree? 教师在黑板上写出逻辑架构。 在学生讨论的过程中，教师观察一些小组的讨论并给予简洁有力的指导和评价。	学生讨论分配到本组的起诉案例。	让学生在教师的指导下，结合文本讨论某个案例是否符合作者观点。	5分钟
	Step 2：观点表述	T：What are your group's ideas about the question：to sue or not to sue?	学生呈现小组讨论的结果。	让学生发表自己的观点，并进行简要的评价。	8分钟
	Step 3：教师总结	【PPT】总结：to become critical readers.		点题。	1分钟

教学环节	教师活动	学生活动	设计意图	时间安排
第五部分：回应情境，布置作业	教师带领学生回到导入部分创设的故事情境中，并留作业。		与导入部分遥相呼应，并引出要布置的作业。	1分钟

五、板书设计

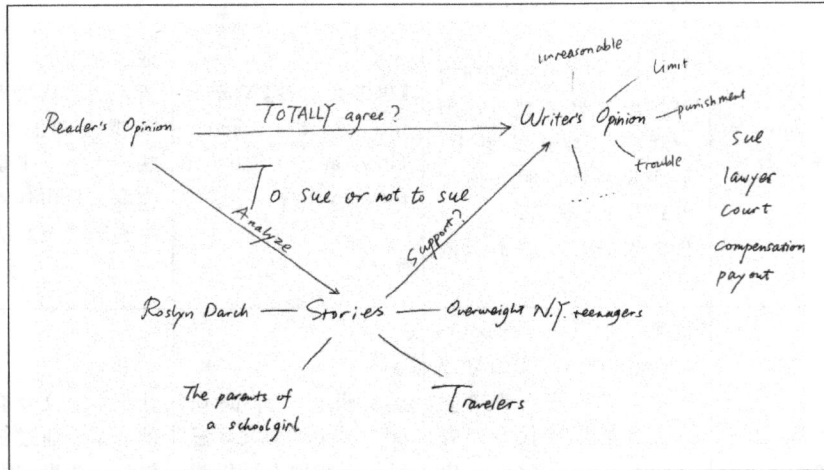

北京师范大学附属实验中学　曹向前

外研版八年级 Module 5 Unit 2

It describes the changes in Chinese society.

教学基本信息	
课题	Module 5 Unit 2 It describes the changes in Chinese society.
教材	外研版八年级上册
课型	阅读课

一、设计思路及创新之处

(一)设计思路

文章分为三部分，分别介绍剧本《茶馆》、作者老舍，以及老舍茶馆。本节课的设计思路如下：首先，让学生猜测标题"It describes the changes in Chinese society."中"it"的指代内容，设置悬念。其次，以老舍、话剧《茶馆》和老舍茶馆的图片引入讨论话题，了解学生对这三者的了解程度。再次，利用"信息差"原理，将文本挖空，让学生做听力填空，从而获得整篇文章的内容。然后，根据三段文章，分别设置表格、填空和回答问题这三种形式的学生活动，让学生进一步理解文章。最后，通过中央电视台英文频道介绍老舍茶馆的宣传片，让学生进一步了解老舍茶馆，并关注传统文化的传承。

(二)创新之处

课堂活动设计和学生活力：同一文本挖空不同，学生 A 和学生 B 需要完成的任务就不同，这样的"信息差"就可以让学生产生交流需求，完成合作学习。资源活力和文化活力：老舍茶馆的英文宣传片激发了学生的兴趣。老舍茶馆吸引了世界名人的参观访问，从而让学生产生文化自豪感。

二、教学背景

（一）教学内容

本节课是本单元的第 2 课时，内容主要涉及剧本《茶馆》的简介、作者老舍的简介，以及老舍茶馆的简介。内容相对简单，因此教师补充了阅读材料和视听材料，通过中央电视台对老舍茶馆的英文介绍，进一步拓展学生的词汇和文化视野。

（二）学生情况

八年级学生的英语基础相对较好，表达能力较强。他们对传统文化可能不太感兴趣，因此教师希望通过本节课的教学让学生产生文化自豪感。

三、教学目标

（一）知识与技能

· 学生能够了解并用英文简单介绍作家老舍、剧本《茶馆》和老舍茶馆。
· 学生能够通过独立猜词和合作学习，完成文本补全任务。

（二）过程与方法

学生能够在交流中倾听他人发言，尊重他人，学会与他人合作学习。

（三）情感、态度、价值观

学生能够了解中国传统文化，增强文化认同感和自豪感。

四、教学重点和难点

（一）教学重点

· 运用"信息差"原理引导学生互助完成文本填空。
· 加深学生对老舍茶馆的了解。

（二）教学难点

让学生只看一遍视频，就能完成拓展阅读填空的任务。

五、教学过程

教学环节	教师活动	学生活动	设计意图	时间安排
Step 1 Lead-in	1. The teacher asks the students to guess what "it" refers to in the title. 2. The teacher shows three pictures and asks the students what they have known about each one.	The students listen to the teacher and talk about what they have known about each picture.	To arouse the students' interest. To get to know their background knowledge.	5 mins
Step 2	The teacher asks the students to read the three paragraphs quickly and give each paragraph a heading.	The students try to give each paragraph a heading.	To train the students' skimming skills and summarizing skills.	2 mins
Step 3	The teacher asks the students to listen to the tape and fill in the blanks.	The students listen to the tape and fill in the blanks.	To practice the students' listening ability and prepare for pair-work.	2 mins
Step 4	The teacher asks the students to do pair-work and get answers from the other.	The students do pair-work and get answers from the other.	To let the students cooperate with each other and complete the gap-filling exercise.	3 mins
Step 5	The teacher asks the students to fill in the table, complete sentences, and answer questions.	The students fill in the table, complete sentences, and answer questions.	To check the students' understanding degree of the passage. To train the students' scanning skills.	8 mins
Step 6	The teacher leads the students to talk about Lao She Teahouse by looking at several pictures.	The students look at the pictures and describe each one.	To introduce new words and prepare for reading.	2 mins
Step 7	1. The teacher asks the students to read the handout about Lao She Teahouse and guess the missing words. 2. The teacher lets the students watch the video and fill in the gaps. 3. The teacher asks the students to do pair-work and get answers from the other.	1. The students try to guess the missing words. 2. The students watch the video and fill in the gaps. 3. The students do pair-work and get answers from the other.	To train the students' predicting skills based on the context. To improve the students' listening ability. To improve the students' cooperation consciousness.	10 mins

续表

教学环节	教师活动	学生活动	设计意图	时间安排
Step 8	1. The teacher asks some students to say the missing words aloud. 2. The teacher asks the students some questions based on the text.	1. The students say the missing words aloud. 2. The students scan the text to answer questions.	To check the students' co-operation result. To train the students' scanning skills. To enlarge the students' vocabulary.	5 mins
Step 9	The teacher gives the students a writing task and asks the students to discuss how they will introduce Lao She Teahouse to the new foreign teacher.	The students discuss how they will introduce Lao She Teahouse.	To let the students get a clear idea of what they will write about Lao She Teahouse.	2 mins
Step 10	The teacher assigns homework.	The students write down what homework is.	To let the students review what they've learnt in class.	1 min

六、板书设计

Module 5 Unit 2 It describes the changes in Chinese society.

Lao She

Teahouse

Lao She Teahouse

the Rickshaw

the Yellow Storm

七、作业设计

介绍老舍茶馆。

八、教学效果评价

(一)检验学生小组合作学习成果

教师提问，学生回答。

(二)检验学生听力和语言表达能力

学生在全班进行回答。

（三）检验学生课后写作

作业批改和反馈。

九、教学反思

第一，由学生在课堂上的表现和作业反馈可知，学生基本达成了三个维度的教学目标。

第二，课堂指令简单明确，学生执行力强。

第三，本节课完成了教学难点突破，学生课堂表现良好。

第四，教师在批改作业时发现，少数学生在写作中未能重点介绍老舍茶馆。

北京师范大学附属实验中学　顾俊所

外研版七年级 Module 9 Unit 2

He decided to be an actor.

教学基本信息	
课题	Module 9 Unit 2 He decided to be an actor.
教材	外研版七年级下册
课型	阅读课

一、教学背景

(一)教学内容

本节课以"生活经历"为话题，以描述人生经历为切入点，是一节阅读课。课文是对莎士比亚人生经历的简介，为传记文体。课文按照总—分的结构，以时间为主线展开。第一段概括介绍莎士比亚的生平，其余段落介绍他的人生经历及其影响。

(二)学生情况

本节课的授课对象为七年级某班学生，共36人。通过对本模块第1单元听说课的学习，学生对话题背景已经比较熟悉了。他们对莎士比亚有了一定的了解。虽然学生对此话题有一定的兴趣，但大部分学生的语言表达能力及问题分析能力还有些薄弱，需要培养和训练。

二、教学目标

(一)知识与技能

· 学生能够通过阅读，了解莎士比亚的主要人生经历、代表作品及影响。

· 学生能够掌握速读抓取文章大意、细读抓取细节信息的阅读技巧。

（二）过程与方法

学生能够了解英语一般过去时的用法及人物传记的结构及写作方法。

（三）情感、态度、价值观

学生能够通过对莎士比亚的了解，培养对文学的兴趣。

三、教学重点和难点

（一）教学重点

- 了解莎士比亚的生平故事。
- 用一般过去时复述人物的生平故事。
- 人物传记文章的结构及写作方法。

（二）教学难点

- 总结文章的写作结构。
- 复述莎士比亚的生平故事。
- 用一般过去时描述过去的一段经历。

四、教学流程示意图

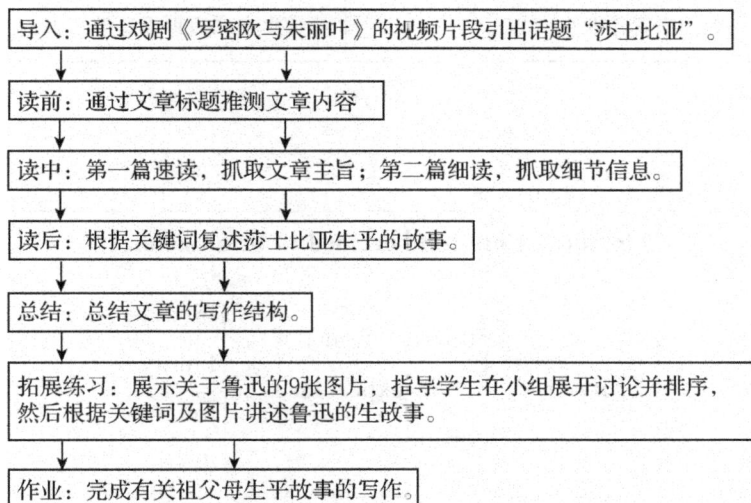

导入：通过戏剧《罗密欧与朱丽叶》的视频片段引出话题"莎士比亚"。

↓

读前：通过文章标题推测文章内容

↓

读中：第一篇速读，抓取文章主旨；第二篇细读，抓取细节信息。

↓

读后：根据关键词复述莎士比亚生平的故事。

↓

总结：总结文章的写作结构。

↓

拓展练习：展示关于鲁迅的9张图片，指导学生在小组展开讨论并排序，然后根据关键词及图片讲述鲁迅的生故事。

↓

作业：完成有关祖父母生平故事的写作。

五、教学过程

教学环节	教学活动	设计意图	时间安排
新课导入	教师播放戏剧《罗密欧与朱丽叶》的视频片段，引导学生猜测作者的名字。	通过视频引出话题"莎士比亚"，激发学生的兴趣。	1分钟
阅读前热身	教师展示阅读材料的题目，引导学生推测文章内容。	训练学生根据文章标题预测文章内容的能力。	2分钟
读中活动：第一遍速读	教师指导学生进行速读，抓取每段的主旨大意，画出关键词，完成练习（一）——段落与小标题的匹配。	教会学生如何抓取主旨大意。	6分钟
读中活动：第二遍细读	教师指导学生进行细读，完成练习（二）——莎士比亚生平大事件表格。	教会学生如何抓取细节信息。	8分钟
读后活动：复述	教师指导学生根据关键词复述莎士比亚的生平故事。	帮助学生学会如何复述人物的生平故事并学会使用一般过去时。	5分钟
总结	教师指导学生总结文章的结构。	帮助学生了解文章的结构，为后续的复述及写作任务做铺垫。	3分钟
拓展练习	教师展示关于鲁迅的9张图片，指导学生在小组内展开讨论并排序，然后根据关键词及图片讲述鲁迅的生平故事。	进一步强化学生对人物生平故事结构及写作方法的掌握。	14分钟
作业	教师布置作业。	让学生在课后巩固所学知识。	1分钟

六、板书设计

Module 9 Unit 2 He decided to be an actor.

Life story {
Introduction
Main experiences { birth, family, job, death }
Influence
}

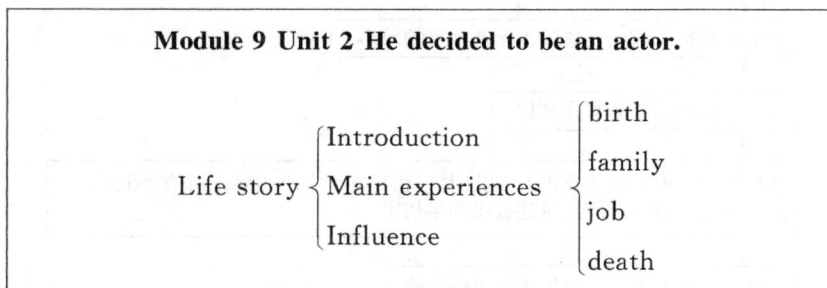

七、教学效果评价

本节课的教学效果体现在两个层面。

第一，读后活动中复述莎士比亚生平故事的设置。这一步骤是本节课中比较重要的一项输出活动。学生在了解了莎士比亚的生平故事以及文章结构的基础上，可以根据关键词对莎士比亚的生平故事进行复述。这应该是评价本节课教学效果的标准之一。

第二，拓展活动的设置。学生在前 25 分钟的学习中了解了人物传记的写作结构和写作方法，也掌握了如何运用一般过去时讲述人物的生平故事。在这一输出活动中，学生根据关键词及图片讲述鲁迅的生平故事，这是评价本节课教学效果的另一个标准。

八、本教学设计的特点

第一，以时间顺序介绍人物生平是本节课最主要的教学目标。这节课的每个环节都围绕这个目标开展。从对课文话题的引入，概括文章各段大意，到厘清时间线，复述课文，再到最后的输出活动，都比较清晰地体现了这一设计思路。

第二，在授课过程中，教师通过学生单独回答问题、齐答问题和小组活动等方式，让更多的学生参与到课堂活动中。虽然是阅读课，但是教师也尽量创造了大量的口语表达机会。

第三，在教学手段方面，教师不仅使用了幻灯片、视频等多媒体资源，而且使用了传统的教具，如在黑板上贴图及关键词，帮助学生完成输出活动。

北京师范大学附属实验中学　崔丽慧

外研版七年级 Module 8 Unit 2

She often goes to concerts.

教学基本信息	
课题	Module 8 Unit 2 She often goes to concerts.
教材	外研版七年级上册
课型	阅读、口语课

一、教学背景

(一)教学内容

模块 8 的主题为"挑选礼物"。本节课为模块 8 的第 2 单元，主要内容是根据一个人的喜好为其挑选合适的礼物。本节课最主要的教学目的是让学生通过阅读，学会使用目标词汇和常见的频度副词，同时复习第三人称单数的用法。

(二)学生情况

本班学生的英语基础相对较好，但是在日常交流过程中，也会出现一些常见的表达错误。学生在课堂上的表现比较活跃，但也很容易精力不集中。因此，如何组织学生感兴趣又贴近单元话题的活动就显得尤为重要。

(三)教学资源

视频、幻灯片、黑板、学案。

二、教学目标

(一)知识与技能

学生能够通过课堂活动，反复练习使用目标词汇和句型表达自己和他人的兴趣爱好。

(二)过程与方法

学生能够通过阅读课文、回答问题、小组讨论和展示等活动，更加熟练地使用目标语言。

(三)情感、态度、价值观

学生能够根据同学的喜好为其挑选适当的生日礼物，在日常生活中做个善于观察和关心他人的人。

三、教学重点和难点

(一)教学重点

课文内容的理解和目标语言的应用。

(二)教学难点

真实情境下的语言运用。

四、教学过程

教学环节	教师活动	学生活动	设计意图	时间安排
导入	教师播放一段视频，并对学生进行提问。	学生观看视频，并回答问题。	引出"挑选礼物"这一话题。	3分钟
阅读	1. 教师让学生快速浏览课文，并找寻目标人物。 2. 教师让学生认真阅读课文，并完成搭配练习。 3. 教师展示不同礼物的图片，让学生说出相应的英文单词或短语。 4. 教师让学生根据课文中目标人物的不同喜好，为其挑选礼物，并从课文中找出语句支持自己的选择。	1. 学生快速浏览课文，并找出目标人物。 2. 学生阅读课文，并把目标人物和个人喜好搭配起来。 3. 学生根据图片说出正确的英文单词或短语。 4. 学生为目标人物挑选合适的礼物，并说明挑选原因。	1. 了解课文大意。 2. 深入理解文章内容。 3. 复习已学词汇。 4. 关注课文中出现的频度副词和 like 的相关用法。	15分钟
小结	教师带领学生快速总结目标语言和基本表达法。	学生总结并记笔记。	总结并为下一步讨论做准备。	2分钟
话题讨论与汇报	1. 教师创设场景，让学生四人一组，用目标语言表达自己的个人喜好，并请同组其他同学为其挑选合适的礼物。 2. 教师请学生在班内展示，让学生表述自己的兴趣爱好，请组员为其挑选礼物；让学生说出为组员挑选的礼物，并说明原因。	1. 学生表达自己的个人喜好，请其他组员猜测自己心仪的礼物，同时，倾听其他组员的讲述，记录在学案上，并为其挑选适当的礼物。 2. 学生展示：表述自己的兴趣爱好以及组员的兴趣爱好。	使学生练习使用目标语言表达自己的个人喜好。 检查学生对目标语言的使用情况以及对第三人称单数的使用情况。	18分钟
总结	教师通过问题进行总结。	学生总结并思考。	进行总结与情感教育。	2分钟

五、板书设计

Module 8 Unit 2 She often goes to concerts.		
always		cookie
usually		CD
often	What do you (often) do in your free time	candy
		new bag
sometimes	I (often)…	tickets
seldom	She/He (often) does…	trip
never		

六、作业设计

· 完成模块 8 第 2 单元学案中的练习。

· 新年即将到来，了解朋友和家人的喜好，以便为其挑选合适的礼物。

七、本教学设计的特点

　　本节课是一节阅读和口语练习相结合的课，主题为"挑选礼物"。从情感态度的角度来讲，现在的学生往往已经习惯了被别人关心，而忽略了对周围同学和家人的了解和关心。因此，本节课的目的之一就是让学生学会关心身边的亲人、同学和朋友。

　　本节课导入部分的小视频能有效激发学生的兴趣，很好地引入主题——"挑选礼物"。课文内容能够让学生了解到如何能更好地为一个人挑选礼物——即了解他的兴趣、爱好及习惯。在英语中，我们多用一般现在时表示习惯或反复发生的行为，这样就把模块 7 和模块 8 的语法重点——一般现在时融入本节课的话题中。在口语活动环节中，学生除了进行一对一问答，还需要根据所听内容，复述其他组同学的答案，这样就把一般现在时中最容易出错的知识点——第三人称单数也带进了练习中。

八、教学反思

　　从课程实施的角度来讲，本节课主要存在以下几个问题。

　　第一，在导入部分，我给学生补充了一些关于礼物的词汇，但是学生在后面的口语活动环节中没有再利用这些单词。我应想办法鼓励学生在后面的环节中多使用补充词汇。

　　第二，我应该将阅读部分的有些内容处理得更简单些，这样可以为后面的活动多留些时间。在实施过程中，最后活动的时间有些紧张了，只有两组学生进行了课堂展示，而且讨论的时间也比较短。

第三，本节课所讲的内容和知识太多，导致重点不够突出，有些分散。

鉴于以上几个问题，在今后的教学中，我要进一步加深对学生英语水平的了解，加强对课堂节奏的把握。教师只有充分了解学生的水平，才能在设计教学的过程中更合理地安排各个教学环节的时长。在教学实施过程中，教师对于课堂节奏的把控能力越强，越能根据实际情况及时调整教学进度。另外，一节课的时长有限，突出重点可能比面面俱到的教学效果更好一些。今后，在每个教学环节中，我都应该紧扣教学重点。

北京师范大学附属实验中学　赵　洁

外研版八年级 Module 12 Unit 2

Stay away from windows and heavy furniture.

教学基本信息	
课题	Module 12 Unit 2 Stay away from windows and heavy furniture.
教材	外研版八年级上册
课型	阅读课

一、教学背景

(一)教学内容

本节课是外研版八年级上册模块 12 第 2 单元的第 2 课(阅读课)。学生在第 1 课(听说课)中已经掌握了一些急救措施并学习了情态动词的基本用法,因此本节课的重点是围绕"地震"这个话题进行阅读和讨论。学生对于地震并不陌生,经常在新闻媒体中见到,因此本节课的实用性很强。鉴于多数学生没有经历过地震,教师在本节课中将反复围绕"地震"这一话题做分层的信息输入和活动操练。

(二)学生情况

本节课的授课对象是八年级学生,他们性格开朗,对英语有着浓厚的兴趣,能够积极按照教师的要求进行学习,但部分学生不能用英语准确地表达自己的想法。由于学生对于本节课话题没有实际经验,信息积累不够丰富,因此教师需要在信息输入方面为学生提供语言支撑。

二、教学目标

(一)知识与技能

学生能够了解关于地震的单词和短语,掌握地震中和地震后应采取的措施,并能够应用祈使句准确表达地震安全建议。

(二)过程与方法

学生能够学会读前预测以及略读和精读的阅读技巧。

(三)情感、态度、价值观

学生能够运用所学知识帮助他人,树立正确的价值观。

三、教学重点和难点

(一)教学重点

利用祈使句表达如何在地震中自救和施救。

(二)教学难点

祈使句的使用。

四、教学流程示意图

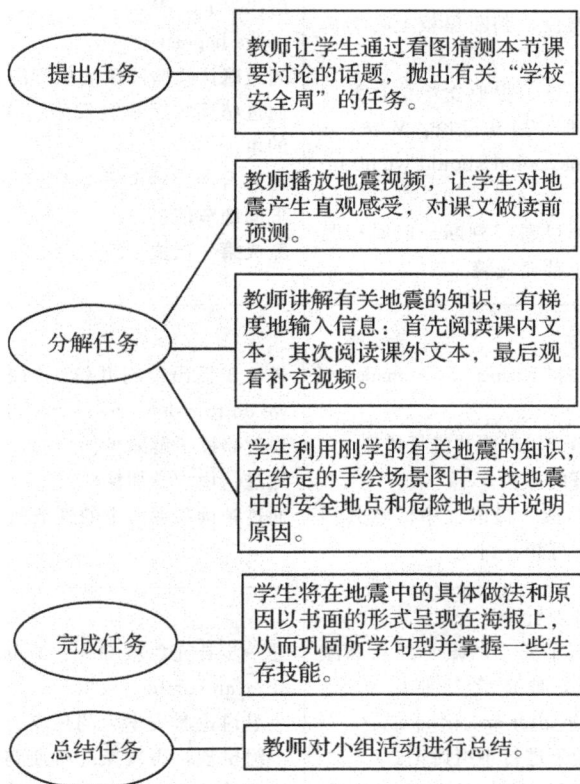

提出任务 —— 教师让学生通过看图猜测本节课要讨论的话题,抛出有关"学校安全周"的任务。

分解任务 ——
- 教师播放地震视频,让学生对地震产生直观感受,对课文做读前预测。
- 教师讲解有关地震的知识,有梯度地输入信息:首先阅读课内文本,其次阅读课外文本,最后观看补充视频。
- 学生利用刚学的有关地震的知识,在给定的手绘场景图中寻找地震中的安全地点和危险地点并说明原因。

完成任务 —— 学生将在地震中的具体做法和原因以书面的形式呈现在海报上,从而巩固所学句型并掌握一些生存技能。

总结任务 —— 教师对小组活动进行总结。

五、教学过程

教学环节	教学活动	设计意图	时间安排
提出任务	导入 学生通过看图猜测本节课的话题。 教师设置教学情境，给学生布置为"学校安全周"制作地震海报的任务，并提出问题：How can we make an earthquake safety poster? 鉴于多数学生没有经历过地震，教师提出一起完成海报。	提出任务：make an earthquake safety poster 引出本节课要讨论的话题。 抛出"学校安全周"的任务：设计地震安全海报。 引出本节课的主线：利用本节课学习的知识，完成地震安全海报。	6分钟
分解任务	读前预测 学生观看地震视频并回答问题：What happened in this video? 教师引导学生预测：如果地震真的来临应该怎么做？（What should we do if an earthquake happens?） 教师将学生的行为写在黑板上，学生猜测这些行为是否正确。	留下疑问：What should we do if an earthquake happens? 观看视频从中提取信息，来激活学生已有的有关地震的知识和信息。 对课文进行读前预测，也为之后完成海报任务做了铺垫。 激发学生对话题的兴趣。	20分钟
	阅读中之课文阅读 学生通过第一遍略读，判断黑板上行为的正确性。 学生通过第二遍精读，提取文中信息并回答问题，如有困难可相互讨论：When an earthquake happens, what should we do inside and outside? 学生将书合上，通过看图判断地震时行为的正误，并将句子补充完整。	解决疑问：What should we do if an earthquake happens? 通过略读检验阅读前预测的正确性。 通过精读掌握地震发生时在室内外需要做的事情。 通过看图完成句子，操练祈使句句型，以巩固细节信息。 完成第一次关于地震信息的输入。	
	阅读中之课外阅读 学生阅读补充材料"Reduce your chance of injury in an earthquake"。 学生通过第一遍略读，对图片进行排序。 学生表演减少伤害的方法。 学生通过第二遍精读，提取文中信息并回答问题，如有困难可相互讨论。	进一步提出疑问并解决问题：What should we do to reduce the chance of getting hurt? 通过略读了解减少伤害的步骤。 通过情境教学加深对文中信息的理解。 通过精读掌握文中的细节信息。	
	阅读中之课外视频观看 教师提问：在知道了安全的藏身地点和减少伤害的方法后，地震之后要做什么？（What should we do after an earthquake?） 学生在学案的帮助下进行小组讨论。 教师将讨论结果以祈使句的形式写在黑板上。 学生观看视频，完善黑板上的讨论结果。	进一步补充急救知识：What should we do after an earthquake? 小组讨论激发学生的想象力和创造性。 小组呈现，再次操练祈使句句型。 完成最后一次信息输入，完善地震自救知识，为输出活动做准备。	

续表

教学环节	教学活动	设计意图	时间安排
完成任务	阅读后之输出游戏"Spotting" 每个小组获得一张手绘场景图，一个红色纸片人和一个蓝色纸片人。学生将红色纸片人贴在危险的地方，将蓝色纸片人贴在安全的地方。 学生合作找出安全和不安全的地点，并讨论原因。 小组代表到黑板前，结合在第1课中学习的情态动词展示讨论结果和原因。 e. g. Don't hide under the tree. We may get hurt by the falling tree.	设置情境，以游戏的形式为完成课程开始时提出的任务做准备。 学生内化本节课学习的地震知识。 夯实祈使句和情态动词的用法。	13分钟
	写作完成海报。 教师提示学生海报的完成需要图片和文字，因此在上一个游戏的场景图上加上文字说明就可以做出地震安全海报。 小组合作将原因和具体的自救措施写在场景图上。 教师把学生制作的海报在班中展示出来。	完成任务：完成海报。 学生内化本节课学习的地震知识。 夯实祈使句和情态动词的用法。	
总结任务	教师总结小组活动，并教育学生在危急时刻不但要利用所学知识救助自己，也要帮助他人。	达到升华情感的教育目的。	1分钟

六、板书设计

Module 12 Unit 2 Stay away from windows and heavy furniture.

If an earthquake happens
- hide under the table
- stay away from trees
- ...
- don't...

七、教学效果评价

教师从两个层面进行教学效果评价。

第一，教师通过情境表演评价教学效果，极大地调动了学生的学习热情。

第二，在输出活动中，教师在特定的场景中检测学生的学习效果，提高了学习的趣味性，并使学生将所学的知识应用到生活中，体现了本节课的实用性功能。

八、本教学设计的特点

(一)任务型教学贯穿课堂始终

本节课由提出任务、分解任务、完成任务、总结任务四个环节组成，设计地震安全海报这一任务是课堂的主线。

(二)信息输入按照逻辑顺序层层递进

信息输入按照逻辑顺序进行，难度由浅入深，逐层递进，为之后的输出活动做了充分的铺垫。

(三)情境教学增强了学习的趣味性和知识的应用性

学生表演急救步骤，在场景图下设计输出活动，都增强了学习的趣味性，也使学生能够将学到的信息即时用在具体的场景中，体现了本节课的实用性特点。

北京师范大学附属实验中学　陈　鑫

北师大版高二 Module 3 Unit 8

Journey to the Antarctic

教学基本信息	
课题	Module 3 Unit 8 Journey to the Antarctic
教材	北师大版①高中英语必修三
课型	阅读课

一、教学背景

（一）教学内容

本节课所使用的教学材料是北师大版高中英语必修三模块 3 第 8 单元第 4 课的阅读文章。

从单元内容来看，本单元的四课分别是：第 1 课"Adventure Holidays"（谈论喜马拉雅山探险及探险项目），第 2 课"Extreme Sports"（谈论极限运动），第 3 课"Marco Polo"（介绍历史人物——旅行家马可波罗的事迹及其贡献），第 4 课"Journey to the Antarctic"（讲述南极探险家们不畏艰险、敢于牺牲的精神）。因此每节课都是围绕"探险"这一主题从不同角度展开的。

本节课的副标题是"The Race to the Pole"。从课文内容来看，本文有很大的挖掘和反思价值，因为一般的文章都是讲述英雄或探险者的成功经历，而本文讲述的是英国人 Scott 和他的队伍没能赢得抵达南极点的那场比赛，并且在归途中全部遇难的故事。Scott 是一个具有悲剧色彩的英雄。如何来评价英雄或者从什么角度来评价一个人，这是涉及生活态度和生命价值观的问题。从这一点来看，教师应该对课文内容进行深度挖掘。在本节课的学习中，教师可以通过剖析人物形象、重新评价人物等活动来培养学生的探究意识、批判性思维和科学的探险精神。

---

① 北师大版是指北京师范大学出版社出版。

从篇章结构来看，此文以客观叙事为主线，中间穿插了 Scott 所写的日记和家书片段，既能给出故事线索，又能为读者的想象留下伏笔。因此教师可以利用这些伏笔设计活动，激发学生的问题意识，培养学生的反思能力。

从语言来看，经过前三课的学习，学生分别从"Adventure"这一话题的不同角度接受了语言学习和训练。因此前文在话题和语言上已经有了足够的铺垫，本文是对此话题相关语言的进一步深化。

在上一课时，教师带领学生完成了对课文的初步理解以及课文后面的词汇巩固练习。在课程结束时，教师给学生留下了一个思考题：Why did Scott fail in the race? 这个问题为本节课对文本的深入挖掘埋下了伏笔。

(二)学生情况

本节课的授课对象是高一英语实验班的学生。

从话题方面来看，学生之前接触过"探险""英雄"这类主题，但了解的多是成功的例子，因此对于这篇以悲剧结束的探险文章会没有心理准备。但是他们具有较强的探究精神，如果教师巧妙地利用这一点，让学生自发产生问题，再尝试去文中寻找答案，学生很可能产生较高的阅读兴趣。

从语言方面来看，学生词汇量较大，在阅读和理解本文表层意思方面没有太大的困难，但是从字里行间去深入挖掘教材、探究问题、提炼思想，并经过反思来表达对"探险""英雄"的认识和理解对于学生来说有一定的挑战性。因此，在进行教学设计时，教师一定要层层铺垫，为学生的思维和语言搭好台阶。

二、教学目标

课程结束时，学生能够提出与文本相关的问题并尝试解决问题，找到比赛胜利的原因，从不同角度评价探险者。

三、教学重点和难点

(一)教学重点

深度挖掘和理解日记和家书片段中字里行间的意思以及反映出的探险家的品质。

(二)教学难点

培养学生的问题意识，让学生具有阅读的积极性和主动性，并尝试从不同角度提出更深刻的问题——如何评价探险英雄。

四、教学流程示意图

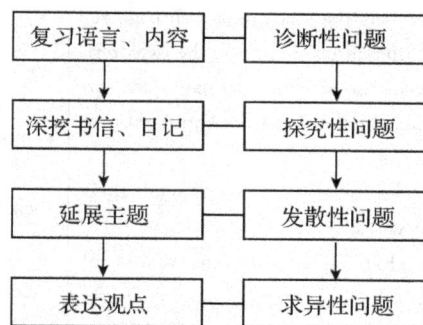

```
复习语言、内容 ── 诊断性问题
      │               │
      ↓               ↓
深挖书信、日记 ── 探究性问题
      │               │
      ↓               ↓
  延展主题    ── 发散性问题
      │               │
      ↓               ↓
  表达观点    ── 求异性问题
```

五、教学过程

教学环节	教学活动	设计意图	时间安排
诊断性问题	The students answer the question given at the end of the previous period. (*Why did Scott fail in the race?*)	To check the students' understanding of the text and the usage of some target language. To help the students retrieve some information from the text.	10 mins
探究性问题	1. The teacher distributes to the students the handouts about the excerpt from the text. 2. The teacher asks the students to raise some read-between-the-lines questions in groups of 4 concerning their understanding. 3. The students try to answer each other's questions within their groups. 4. The teacher asks the students to write their difficult questions on the blackboard (key words only). 5. The teacher may also add her own problems. 6. The students, together with the teacher, work out the answers by reading between the lines and discussing.	To help the students further understand the text and the spirit of the explorer. To help the students prepare for the next-step discussion.	15 mins
发散性问题	1. The teacher asks the students to express their opinions on *what makes a race successful*. 2. The students may answer the question by giving different replies based on their analysis of the text and their experiences.	To encourage the students to generalize the text and come up with their own ideas.	10 mins

续表

教学环节	教学活动	设计意图	时间安排
求异性问题	1. The teacher presents the students a web page regarding people's different comments on the explorer. 2. The teacher asks the students to pay attention to the angle from which the writer comments on Scott (*Dying for science*). 3. The teacher asks the students to send their comments to the website. 4. The students share their different points of views in groups.	To encourage the students to look at things from different points of view. To help the students reorganize their analysis of the text and their thinking.	10 mins
作业	Finish their comments and send it to the website.		1 min

六、板书设计

> **Module 3 Unit 8 Journey to the Antarctic**
> Readiness
> Ambition
> Courage
> Endurance

七、教学效果评价

教师从两个方面进行教学效果评价。

第一，"诊断性问题"的设置。这一步骤主要考查学生对上一课时所学内容和语言的掌握情况，并将其与本节课最后的写作输出情况进行对比，从而了解学生的进步程度。

第二，鼓励学生多提问题，不歧视任何问题。本节课的教学目标之一就是让学生基于文本提出问题，所以学生能不能提出问题，提出多少问题应该是评价本堂课教学效果的标准之一。教师在言语间要多鼓励学生质疑和提问，并且不流露对所提问题的等级好坏之分，从而让学生更勇于提问。

八、本教学设计的特点

(一)通过问题链培养学生的问题意识

学起于思，思源于疑。培养和强化学生的问题意识，让学生学会提出自己的问题，是培养学生创新精神和创新能力的一条有效途径。要想创设充满生机的课堂就不能"按既定方针办"，而是要灵活开放地进行教学。英国一位科学家曾说过："知识的增长永远始于问题，终于问题——越来越多的深化问题，越来越能启发新问题的问题。"这堂课是问题教学的一种尝试。

(二)积极培养学生的主动探究意识

本节课较为创新的一点就是在阅读中以学生为主体提出问题，并通过小组合作、探究的方式寻找答案、解决问题，教师只是起到了引导者和帮助者的作用。这样不仅可以使略显枯燥的文章变得有意义、有趣味，更重要的是，整个过程发挥了学生学习的主动性，培养了他们提出问题和解决问题的能力，让学生在获取知识的同时提高了技能。

(三)深度挖掘阅读主题

本节课的副标题是"The Race to the Pole"，在对文本进行了深度挖掘之后，教师回归到题目上来，并且把主题词"race"延展到"生活中各种各样的竞争"上去，进而让学生基于课文但又不限于课文进行思考："What makes a race successful?"。在学生进行发散思维和群体讨论之后，教师将她的答案(RACE needs Readiness，Ambition，Courage and Endurance)分享给学生。

北京师范大学附属实验中学　孙小梅

北师大版高二 Module 4 Unit 12

Australian Aborigines—the Native Australians

教学基本信息	
课题	Module 4 Unit 12 Australian Aborigines—the Native Australians
教材	北师大版高中英语必修四
课型	阅读课

一、教学背景

(一)教学内容

本节课所使用的教学材料是北师大版模块 4 第 12 单元 Culture Shock 中 Culture Corner 的阅读文章。

从单元内容上看,本单元的四课分别是:第 1 课"Visiting Britain"(谈论在伦敦经历的文化冲击,了解英国的生活方式),第 2 课"Mind Your Manners"(了解并学习如何恰当得体地运用有礼貌的交际用语进行交流),第 3 课"Living Abroad"(了解英语国家人们在行为举止和待人接物方面与中国人的异同),第 4 课"The New Australians"(学习并了解澳大利亚的风土人情和生活方式),除此之外还有 Communication Workshop(学习使用正式和非正式的表达方式表示请求)和 Culture Corner:Australian Aborigines—the Native Australians(了解澳大利亚的土著居民)。因此每节课都是围绕"文化冲击"这一主题开展的。

学生在外研版九年级第 4 单元"Australia"一课中初步学习了澳大利亚的风土人情。本单元第 4 课"The New Australians"依旧是对澳大利亚的风土人情的介绍,因此,在本节课的教学设计上教师希望能够避免重复性的事实学习或识记,带给学生更深层次的学习和思考。

从课文内容来看,文章第四自然段提道:"白人的到来逐渐终结了传统土著居民的生活方式。"那么这种现象对于澳大利亚土著居民来说是利还是弊呢?文章第五段谈道:"澳大利亚白人对土著居民的状态越来越敏感,并采取了一系列措施,帮助土著居民改善生活状况。"

那么帮助土著居民有什么意义吗？作为世界公民，我们该怎样看待这个问题？从拓展学生国际视野，培养学生问题意识，并从多角度分析问题这个层面看，教师应该对课文内容进行深度挖掘。

从篇章结构来看，此文属于客观事实叙述文，教师可以利用这些事实，引导学生的问题思维，培养探究能力、深层思考能力和表达能力。

从语言来看，经过前四课的学习，学生在语言上已经有了足够的铺垫，本文是对此话题相关语言的进一步深化。

在教授此课之前，教师通过问卷调查了解学生对于澳大利亚这个国家"已经知道了什么""想知道什么""需要知道什么"，以便顺利开展下面的学习。

(二)学生情况

本节课的授课对象是高一学生。

从语言方面来看，学生词汇量较大，阅读能力较强。但是如何从课文中探究问题，提炼思想，并经过反思来表达对澳大利亚土著居民的认识和理解，这些对于学生来说还有一定挑战性。因此，教师在教学设计时要层层铺垫，为学生的思维和语言表述搭建好平台。

从话题方面来看，学生在九年级和本模块都接触过"澳大利亚"这个话题，他们对于该国地理、人口、城市、动植物、著名景点等都比较了解，但对于澳大利亚土著居民这个话题比较陌生。他们思维比较活跃，具有较强的口语表达能力和合作意识。如果教师巧妙地利用这些优势，根据课文内容巧妙地提出问题，引发学生思考和讨论，就能提高他们的思辨能力、合作意识，培养他们的国际视野和包容精神。

二、教学目标

课程结束时，学生能够了解澳大利亚土著居民的现状，意识到土著居民生活方式的改变，用英语讨论保护土著居民及其文化的重要性。

三、教学重点和难点

(一)教学重点

深度挖掘和探讨课文中的内容，引导学生就"澳大利亚土著居民生活方式的改变及其保护措施"等问题展开讨论。

(二)教学难点

培养学生的思辨能力，激发学生用英语思考的积极性和主动性，让学生尝试从不同角度探究问题，如澳大利亚土著居民迁移到城市生活的利与弊以及如何从多方面保护土著居民。

四、教学流程示意图

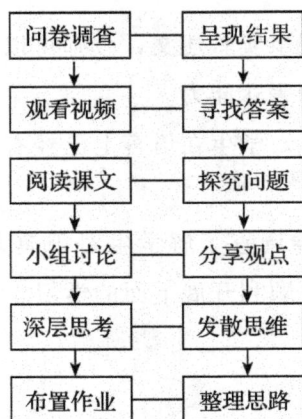

```
问卷调查 —— 呈现结果
   ↓
观看视频 —— 寻找答案
   ↓
阅读课文 —— 探究问题
   ↓
小组讨论 —— 分享观点
   ↓
深层思考 —— 发散思维
   ↓
布置作业 —— 整理思路
```

五、教学过程

教学环节	教学活动	设计意图	时间安排
问卷调查，呈现结果	The teacher shows the students the results of the questionnaire about Australia.	To draw the students' attention to the class.	3 mins
观看视频，寻找答案	The teacher shows on PPT what the students don't know about Australian Aborigines in Part I in the questionnaire. The teacher asks the students to watch the video twice and find the answers.	To help the students know what problems need to be solved in today's class. To help the students find the answers in the video to the questions.	8 mins
阅读课文，探究问题	The teacher shows on PPT what the students want to know about Australian Aborigines in Part II in the questionnaire. The teacher asks the students to read the passage from the textbook and find the answers to the questions.	To encourage the students to generalize the text and find the answers to the questions.	10 mins
小组讨论，分享观点	The teacher raises the question after the students finish reading the passage："What are the advantages and disadvantages of the changes for Aborigines?" The students form a group of three or four and list out the pros and cons of the changes. Each group chooses a student to go to the front and write down their results (Even groups write down the advantages and odd groups write down the disadvantages). The teacher urges the students to think more deeply after the students share each group's ideas. The discussion topic is：Do you think they should move to cities or live where they used to live? Your ideas?	To encourage the students to look at things from different points of view. To help the students reorganize their analysis of their thinking. To promote the students to express bravely what they think in English and to be acceptable about what others think over the discussion.	10～15 mins

续表

教学环节	教学活动	设计意图	时间安排
深层思考，发散思维	This section is designed for more thinking (Optional). 1. The teacher asks the students to watch a video and find out：What the disadvantages are for Aborigines to move into cities and towns? 2. The teacher asks the students to think further：What measures do you think can be taken to better protect Aborigines and their culture?	To facilitate the students to think outside the box, receive and gain more ideas from the classmates. To give the students more chances to express their ideas in English.	5~7 mins
布置作业，整理思路	1. Read some comments about what can be done to protect Aboriginal culture. 2. Write down your own comments on the issue.	To help the students read more from the Internet about the issue, and organize the students' own ideas by writing down what they think.	1~2 mins

六、教学效果评价

(一)创造情境，引发讨论

教师根据本节课的教学内容创设问题情境，以问题的呈现、合作探究和讨论来激发学生的求知欲和主体意识。在教学过程中，问题情境的创设是本节课教学的中心环节。在问题的引导下，学生通过听读和深入思考，发表见解，引发争论，使问题讨论逐步深入。

(二)合作探究，畅所欲言

本节课的教学目标之一是让学生围绕基于文本提出的问题，展开小组讨论，并踊跃发言。教师要认真听取学生的发言，重视他们的想法，思考他们这些想法的由来，并以此为据，引导学生丰富自己的理解，同时，在言语间要多鼓励学生，不流露对学生发言的好坏之分，从而让学生积极思考，并逐渐学会包容他人的想法和看法。

七、本教学设计的特点

(一)通过问卷调查分析学生需要

在本节课教学之前，教师从学生"学"的角度设计了与澳大利亚知识相关的问卷调查。通过问卷调查，教师能够做好学生需求分析，帮助学生树立更明确的学习目标。通过问卷调查分析，教师可以设计有梯度的教学活动。随着"任务"的不断深化。学生的语言学习过程会越来越自主化。从本节课来看，教师在课前有必要分析学生需求和教材文本，做到有的放矢，提高课堂效率。

(二)积极培养学生的问题思维

培养和强化学生的问题思维，是培养学生创新精神和创新能力的一条有效途径。教师依据教学内容和学生需求，创设问题情境，以问题的发现、探究和解决来激发学生的求知欲和主体意识。虽然这节课的最后一个教学环节没有充分进行，但是教师给予了学生充分的讨论时间和发言机会。来自不同家庭的学生，有着不同的文化背景，对文章中的内容有不同的看法，甚至有时还会出现分歧，学生们各抒己见，交流思想，拓宽思维，共同提高。

（三）努力培养学生的探究意识

本节课的一个亮点是在阅读中以学生为主体呈现出问题，并让学生通过小组合作、探究的方式寻找答案，分析问题，解决问题，教师只是起到引导者、倾听者和帮助者的作用。这样不仅可以使略显枯燥的纯事实性文章变得有意义、有趣味，而且可以激发学生学习的主动性，提高他们分析问题和解决问题的能力，让他们在获取知识的同时提高了技能。

北京师范大学附属实验中学　陈林林

北师大版高二 Module 6 Unit 18

What is Beauty?

教学基本信息	
课题	Module 6 Unit 18 What is Beauty?
教材	北师大版高中英语选修六
课型	阅读课

一、教学背景

(一)教学内容

高中英语选修六模块6第18单元的主要话题是"Beauty"("美")。本节课是本单元的第1课（阅读课）。本文从人的外在美和内在美两个方面讲述不同人的不同审美标准，但强调真正的美是人的内在美。本文是一篇结构清晰、论述有力的论说文。作者通过引用、例证、对比等多种方式呈现此文。

本文会触动学生重新审视自己的审美观，学生可以学习与表达美。文中呈现的信息能给学生带来思路和启发。作者对内在美的强调利于学生对自身美的发现以及自信心的增强。

(二)学生情况

本节课的授课对象是高二文科班的学生，共40人。学生对话题熟悉，有一定的兴趣。在思维方面，学生对审美的话题都有各自的见解。学生有一定的语言知识，熟悉阅读的常用技能，如提取信息等，但在用英语准确地表达有关美的观点方面会存在问题，而且所学课文内生词较多，这也会对一些学生理解个别细节造成困难。

(三)教学方式

本节课采用创设情境和探究的教学方式。教师通过设置一系列紧密相关的、有层次的任务对学生进行引导，通过讲授、提问、展示、自主探究、小组讨论、班级分享等方式对文章进行分析和处理，启发学生在阅读、交流、讨论的过程中发现、建构知识，以达成教学目标。

（四）教学资源

投影仪、电子演示文稿、电脑、黑板、学案。

二、教学重点和难点

（一）教学重点

讲解新词汇，为学生正确理解文意扫清障碍

（二）教学难点

充分利用文本资源训练学生的概括能力和预测能力。

三、教学目标

（一）知识与技能

- 学生能够了解生词及词组的含义。
- 学生能够为本文撰写总结段落。

（二）过程与方法

学生通过练习略读、预测及总结，获取关于"美"的信息。

（三）情感、态度、价值观

意识到作者的写作意图并进行自我教育。

四、教学流程示意图

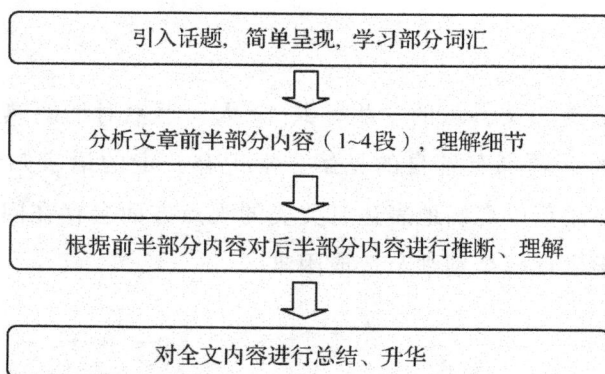

引入话题，简单呈现，学习部分词汇

⬇

分析文章前半部分内容（1~4段），理解细节

⬇

根据前半部分内容对后半部分内容进行推断、理解

⬇

对全文内容进行总结、升华

五、教学过程

教学环节		教师活动	学生活动	设计意图	时间安排
Stage 1：pre-reading	Step 1	The teacher shows the picture of two doors with signs of "beautiful" and "average" and asks which door they would choose to go through.	The students listen to the teacher's description of the picture and the question. Think before they make a choice.	To arouse the students' interest in the topic—beauty.	设计这部分读前活动的主要目的是吸引学生的注意力，激发学生对此话题的兴趣，为之后的阅读活动做了两方面的准备。设计这三个步骤有以下几点思考。	2 mins
	Step 2	The teacher shows pictures of movie stars and asks them who is beautiful enough to choose the "beautiful" door or what their standards or criteria are about beauty.	The students think and answer the questions.	To introduce the topic to the students and raise their awareness of the diversity of their opinions about beauty.	一是导入话题。展示两扇门，一个带有"beautiful"的标志，另一个带有"average"的标志，让学生选择从哪一扇门走进。二是展示一些电影明星，问学生他们认为谁足够美丽可以去选择美丽之门。这个问题也在变相问学生他们认为什么是美，他们的审美标准是什么。这样的做法既激发了学生的兴趣，激活了学生已有的审美观，又使学生意识到彼此之间审美标准和角度的不同。	2 mins
	Step 3	The teacher summarizes the students' opinions briefly, in the mean time, introduces the new words (beholder，subjective) and checks their understanding.	The students learn the two new words on the blackboard, and try to figure out their meanings.	To make the students familiarize with the new words and prepare for reading. To introduce the upcoming reading activity by concluding with "Beauty is in the eye of the beholder".	三是介绍新词汇。在总结学生发言的时候，自然地在语境中引入文章中即将出现的生词，如 beholder、subjective，为学生扫清阅读活动中的一些障碍。	2 mins

教学环节		教师活动	学生活动		设计意图	时间安排
Stage 2: while-reading	Step 1	The teacher asks the students to read the 1st paragraph quickly to find out who wrote the famous saying about beauty and at what time.	The students read the 1st paragraph to answer the teacher's question—who and when.		锻炼学生的快速阅读能力。	1 min
	Step 2	The teacher continues to introduce new words：corset, woolen shawl, tattoo, slim and overweight.	The students learn the new words with the help of the pictures.		为接下来的阅读做准备，激发学生的阅读兴趣。	1 min
	Step 3	The teacher asks the students to read the 2nd and the 3rd paragraph to fill in the form in the students' handout(Task 1) and checks answers afterwards.	The students carefully read the 2nd and the 3rd paragraph to fill in the form in the handout and share the answers with the whole class afterwards.	To practice the students' skill of reading for details and check their understanding of the details.	在这一环节中，学生先拿到文章的第一至第四段。通过阅读和分析作者在第二和第三段中对影响美的评价标准的两个因素的解释，总结概括出两个因素是时间和文化，进而理解文章标题的含义。 设计 Step 1—Step 6 这六个步骤有以下几点思考： 一是在阅读前处理词汇。由于本篇文章的生词较多，为了使学生更准确地理解文章的细节，并为读后活动做准备，教师用呈现图片的方式对词汇（corset, woolen shawl, tattoo, slim, overweight）进行了初步的处理。学生对新词既有了直观的感受，扫清了阅读障碍，又激发了继续阅读的好奇心。 二是阅读思维和概括能力的培养。在设计这一环节的阅读任务时，着重培养学生的	6 mins
	Step 4	The teacher asks the students to summarize that standards of beauty changes with time and culture based on the 2nd and 3rd paragraphs.	The students try to figure out the two things that make standards of beauty change in the 1st paragraph.	To practice ability of thinking in reading and summarizing.		2 mins

续表

教学环节	教师活动	学生活动	设计意图	时间安排
Step 5	The teacher continues to ask the students the meaning of "consistent" in the 1st paragraph.	The students read the sentences around "consistent" and choose the correct meaning for it.	To train the students' ability to guess the meaning of new words with the help of the context.	阅读思维能力和概括能力。学生汇报完第二和第三段的相关细节后，观察表格，并在教师的引领下概括出影响美的标准是什么。学生概括出关键词并填写在第一段中的横线上（Standards of beauty change across _____ and _____ .）。	1 min
Step 6	The teacher asks the students to think what would happen if there were precise criteria and then make a report.	The students read the 4th paragraph again and try to understand *life-long commitment*, *survival of society* and *die out*.	To check their understanding.	之后，学生基于对上下文的理解，猜测出该词的正确意思。 三是任务链的设计有梯度，这样可以兼顾不同层次的学生。学生在开展任务时有挑战感，完成之后有成就感。 课文的第五段是有关内在美的阐述，第六段是作者对全文的小结并强调内在美的重要性。这部分内容会给予学生对美的启示和思考，同时也可以对学生进行美的教育。	2 mins
Step 7	The teacher asks the students to read the 4th paragraph and predict what will be mentioned in the next paragraph. They are given three choices and asked to choose.	The students read the 4th paragraph and predict what will be mentioned in the next paragraph and choose the correct answer.	To practice the students' skill of predicting and prepare for further reading.	设计 Step 7—Step 11 这五个步骤有以下几点思考： 一是充分利用文本材料培养学生的预测能力。学习完第一至第四段后，让学生根据文章第四段的内容预测出下一段内容。因为此段是个过渡段落，承上：强调审美没有确切的标准；启下：提出内在美。学生通过仔细阅读发现线索，并从教师提供的选项中选取自己的答案。	4 mins
Step 8	The teacher asks the students to check their prediction by reading the 5th paragraph provided in the second handout.	The students read the 5th paragraph in the second handout to see if they have made the correct prediction.	To check the answer.	然后学生拿到第五段内容，阅读、检测自己是否预测成功。这一活动锻炼了学生的逻辑思维能力，并培养了学生的探究精神。	1 min

教学环节		教师活动	学生活动	设计意图	时间安排
	Step 9	The teacher continues to check the students' understanding of the 5th paragraph by asking questions: What goes hand in hand with physical beauty and present the new word—accompany. The teacher randomly chooses a girl and asks the others to name her personal qualities they appreciate and how long it takes to find them. The teacher asks the whole class if she feels guilty when she does something wrong and then present the expression—a healthy conscience.	The students read and guess the meaning of the new word—accompany. The students name the girl's personal qualities they appreciate in real situations and understand the meaning of *a healthy conscience* by answering the teacher's question.	To check the students' understanding of some important points in the 5th paragraph: • accompany • a healthy conscience • a wide range of • more than a casual glance To connect the text with the students' real life and prepare for the last stage.	二是让文本内容与学生生活相关联，检查学生对课文第五段的理解程度。打破常规，随机选取一名同学，请其他同学说一说该同学身上他们所欣赏的内在美，这样一方面检查了学生是否理解了 a wide range, a healthy conscience, more than a casual glance 等表达法，另一方面让学生感觉到他们学习的内容是与他们的生活紧密相关的。三是以写结尾形式检测学习成果。课文第六段是对第一至第五段的总结。学生在了解作者的结尾段之前，基于前面五个段落的学习，自己尝试写出一段话作为文章的结尾。这是一个检测学生学习效果的很好的手段。从学生的写作中，教师既可以了解学生是否已经理解了课文内容，又可以看到学生使用课文中的表达用语的情况。	6 mins
	Step 10	The teacher encourages the students to give a proper conclusion to the passage, based on what they have read. First they work on their own and then compare notes in groups of four to improve their work. Then the teacher asks one or two students to read their work to share with the whole class.	The students write the conclusion individually first and then compare notes with their group members. Lastly, they share with the whole class.	To practice the students' skill of summarizing. To check if they have understood the important points from the text and how they use the key words and expressions.	5 mins
	Step 11	The teacher shows the last paragraph on the slide and asks the students to read it and understand it.	The students read the last paragraph in silence and try to understand it.	To check and compare.	1 min

续表

教学环节		教师活动	学生活动	设计意图	时间安排
Stage 3： post-reading	Step 1	The teacher asks the students to think and figure out what the writer strongly advise us to do.	The students figure out the writer's purpose in the text.	To check if the students have understood the writer's purpose in the text and prepare for the next activity.	2 mins
	Step 2	The teacher again shows the students the two doors they saw at the beginning of the class and asks them again which door they would choose after learning the text.	The students choose the door again to pass through and tell the whole class their personal qualities related to inner beauty.	To boost the students' confidence about themselves.	读后活动的设计是为了对文章理解进行升华——了解作者的写作目的，让学生重新审视自己的审美观，意识到内在美才是真正美。紧接着本节课一开始呈现的两扇门再次出现，学生再次对哪一扇门——beautiful or average——进行选择。这样设计的目的在于使学生通过对课文的学习和领悟，努力挖掘发展自己的内在美，提高自信心，勇敢地选择美丽之门。	2 mins
Homework		Tell the students there is a writing activity called *Turn Beauty Inside Out* . The teacher asks the students to write an essay about someone "beautiful" in their lives.	To consolidate the new language expressions and reinforce that inner beauty matters more.		1 min

六、教学效果评价

(一)评价方式

本节课的教学效果评价方式分为课堂展示和课后作业两部分。

1. 课堂展示

在本节课课文理解的最后阶段，教师设计了学习课文第一至第五段后的产出活动，即让学生写一段话作为结尾段。通过学生向全班汇报，教师可以检测本节课的教学效果和学生的学习效果。

2. 课后作业

本节课的课后作业是要求学生写一篇题目为"He（She）is beautiful in my life."的文章。通过文章的写作情况，教师检测本节课的教学效果和学生的学习效果。

(二)评价量规

本节课的教学效果评价量规分为课堂展示量规和课后作业量规两部分。

1. 课堂展示量规

课堂展示量规主要考查学生是否能够在理解文意的基础上写一段课文的总结段。

2. 课后作业量规

课后作业量规主要考查学生是否能够在自己的文段表达中正确运用已学的语言知识。

七、本教学设计的特点

总的来说，本节课的整个教学流程顺畅、自然，环环相扣，层层递进。教师设计的一系列活动，由易入难，利于学生参与，能够帮助学生正确理解文意，同时培养了学生在阅读中思考的能力，较好地完成了教学目标。

第一，教师以两扇分别带有"beautiful"和"average"标识的门引入美的话题，谈论美的标准，激发学生的好奇心，促使学生积极参与所设计的阅读活动。在学完课文后，两扇门再次出现。形成首尾呼应，给人启发。

第二，阅读在表面上是视觉活动，而实质上是大脑活动，即智能活动。教师根据篇章特点，将课文拆分，分部分进行阅读，同时设计阅读活动，着重培养学生的阅读能力以及英语思维。教师是学生学习的指导者、帮助者、促进者。

第三，教师通过各种活动帮助学生领会作者的写作意图，从而培养学生积极向上的审美观念，让学生理解美的深层含义，感受到自身真正的内在美。

本设计需要改进的地方如下：

教师应该给学生更多的时间来互相谈论并欣赏对方的内在美，为最后情感目标的达成奠定基础。很多学生不能很自信地说出自己的内在美，对于很在意同伴评价的学生来讲，来自同伴的欣赏，会让学生提升自信，更加肯定自己。

北京师范大学附属实验中学　　陈　耀

北师大版高一 **Module 1 Unit 3**

Christmas

教学基本信息	
课题	Module 1 Unit 3 Christmas
教材	北师大版高中英语必修一
课型	阅读课

一、教学背景

（一）教学内容

本节课是第 3 单元的第 4 课。这是一篇记叙文。在文中，作者讲述了一段温馨的关于童年时期某个圣诞节的回忆。回忆以时间为经线，串起了节前准备、节日前一天、节日的清晨、节日午餐、午餐后的愉快时光等几个生活片段。贯穿全文的格调是洋溢在字里行间的节日喜悦之情，暗中流淌的是作者对自己当年的童真童趣、家人团聚、愉快生活的怀念。课文介绍了有关英语国家圣诞节的庆祝活动、风俗等信息和一些有关圣诞节的词。教师补充了一篇有关中国春节的英语文章，希望学生通过对比春节和圣诞节，更加深入地理解东西方文化的不同，增强文化意识。

（二）学生情况

本节课的授课对象是高一理科班的学生。他们正处于创造性思维发展的最佳时期，有强烈的好奇心和求知欲，能够积极参与小组活动。学生已经基本适应了小组合作学习的活动形式，具备了一定的合作精神和能力。他们通过前阶段的学习，初步了解了一些关于听、说、读、写的学习策略，有了一定的获取信息、处理信息的能力，分析问题、解决问题的能力以及一定的语言表达能力。

二、教学目标

(一)知识与技能

· 使用相关词汇探讨圣诞节。
· 获取与节日相关的具体信息。

(二)过程与方法

比较两个节日的异同。

(三)情感、态度、价值观

理解东西方文化的不同,增强文化意识。

三、教学重点和难点

(一)教学重点

· 介绍圣诞节的活动及意义,适当地运用词汇来表达相关内容。
· 带领学生通过阅读和讨论,比较春节和圣诞节的异同。

(二)教学难点

使学生理解东西方文化的不同。

四、学习方式

发现式学习、小组合作式学习。

五、教学过程

教师环节	教学活动	设计意图
Stage 1: Lead-in	The teacher plays music about Christmas and introduces the topic of the festival. The students follow the music and then brainstorm some related words of the festival. The teacher introduces some new words with pictures and emphasizes the pronunciation. The students learn and read the words aloud.	To arouse the students' interest in the topic. To help students review and learn topic-related words.

续表

教学环节	教学活动	设计意图
Stage 2：Skimming	The teacher asks the students to read the passage quickly and put the main events in a correct order. (Some hints would be given if necessary. The teacher may remind students that this passage is a narrative, so the story is usually told according to a timeline.) The students read the passage as quickly as possible and put the events in order. They then share their answers with the whole class.	To make the students have a clear idea about how this passage is organized. To learn some important activities about Christmas.
Stage 3：Scanning	The teacher asks the students to read the passage again and write down the phrases about the activities the author did before Christmas, on the eve of Christmas and on Christmas Day. The students speak out what they have written down. The teacher reminds the students to pay attention to the collocations.	To help the students develop the ability of reading for detailed information and reading between lines.
Stage 4：Retelling	The teacher asks the students to retell the activities the author did with the help of the phrases they have written down. The students share their answers first with their partners and then with the whole class.	To help the students consolidate what they have learnt in the text.
Stage 5：Comparing two festivals	The teacher gives each student a handout about the Spring Festival and asks them to compare the differences and similarities between the two festivals according to certain periods of time, like "before the day, on the day, and after the day". The teacher demonstrates how to share the findings by sticking some notes on the blackboard. The students read and then discuss in groups of four. They go to the blackboard to stick their findings on different posters on the blackboard.	To help the students develop the ability of making comparison.

六、本教学设计的特点

(一)活动设计有层次

教师从与圣诞节有关的单词入手，先专注于学生的已知，再介绍新单词，所以第一层次是识记层面上的，即"know and remember"。然后进行课文内容的整理和分析，厘清文章的脉络，并理解内在含义，这是理解和分析层面上的，即"comprehend or understand"。最后带领学生进行中西节日的对比，找出相同点和不同点，这是更高层次的活动，即"compare and analyze"。这种活动设计，可以使学生的思维逐步提升，使教学向着英语学科核心素养中思维品质的培养方向逐渐靠近。

(二)中西对比有感悟

通过中西方两个重大节日的对比，学生更加深刻地理解了在不同文化背景下庆祝节日的深刻意义，以及中西方各自的文化价值观，从而增强了跨文化意识，也更加认同中华民族的优秀传统文化。

（三）身心并用有效率

生动精美的幻灯片，给学生的记忆以视觉上的辅助。课文的脉络分析，帮助学生厘清阅读思路。小组讨论之后，学生挑选出关键信息并建立中西方文化的对比联系，然后把它们写在纸条上，贴在黑板上的不同的信息栏目上。所有这些活动，都为学生提供了第一手的学习体验，而这种体验，是通过眼、脑、手、身一起动起来完成的。因此，它们可以让吸收更深入，让课堂更高效。

北京师范大学附属实验中学　李　艳

北师大版高二 Module 3 Unit 9

The Road to Destruction

教学基本信息	
课题	Module 3 Unit 9 The Road to Destruction
教材	北师大版高中英语必修三
课型	阅读课

一、教学背景

（一）教学内容

本节课是高二英语模块 3 第 9 单元第 4 课，是一节以话题为主线，训练在阅读中找关键词、提炼主题的阅读课。内容主要涉及汽车文化、汽车的优缺点及汽车给城市带来的诸多麻烦。课文是一则报道，用英国与汽车相关的资料数据说明汽车给人们的生活及社会带来的问题，并向人们提出了切实可行的建议，呼吁人们增强生命健康意识和环境意识。教师所选的其他三篇阅读材料则着眼于解决交通问题的另外三个角度——车辆、道路、法规。

（二）学生情况

本节课的授课对象是文科班学生，共 23 人。小班型，便于教师开展活动。学生思维活跃，善于表达，对于周围事物有一定的分析能力和表达能力。

二、教学目标

（一）知识与技能

·学生能够提高阅读技能，学会细节阅读，能够提炼段落大意。

·学生能够口头表达有关汽车与交通的问题。

(二)过程与方法

学生能够积极参与课堂活动，学会辩证地看待问题。

(三)情感、态度、价值观

学生能够提高与人合作的能力。关注社会问题，培养环保意识。

三、教学重点和难点

(一)教学重点

练习细节阅读，提炼段落大意。

(二)教学难点

就交通拥堵问题的解决方案进行信息交流。

四、教学流程示意图

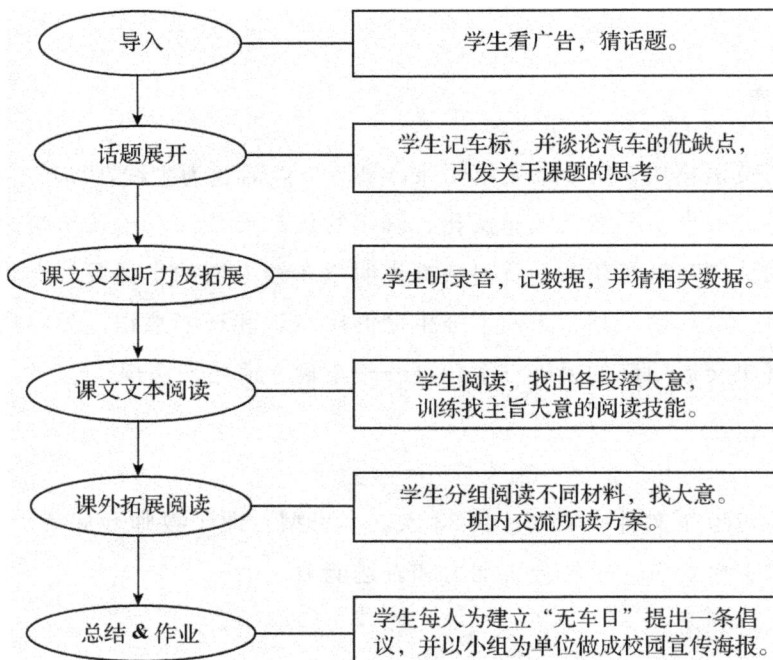

导入	学生看广告，猜话题。
话题展开	学生记车标，并谈论汽车的优缺点，引发关于课题的思考。
课文文本听力及拓展	学生听录音，记数据，并猜相关数据。
课文文本阅读	学生阅读，找出各段落大意，训练找主旨大意的阅读技能。
课外拓展阅读	学生分组阅读不同材料，找大意。班内交流所读方案。
总结 & 作业	学生每人为建立"无车日"提出一条倡议，并以小组为单位做成校园宣传海报。

五、教学过程

教学环节	教师活动	学生活动	设计意图	时间安排
导入	教师播放一则汽车广告。	学生猜话题。	激发学生的兴趣。	2分钟
课程展开	教师让学生挑战识别车标。 教师结合某明星醉驾的新闻事件，延伸话题。	学生记车标，并谈论汽车的优缺点。	引发学生关于课题的思考。	5分钟
	教师播放一段关于英国交通现状的录音，让学生记数据。 教师结合英国的数据，让学生猜有关中国交通的数据。	学生听录音，记数据。 学生猜相关数据。	用事实说话，鼓励学生思考解决交通拥堵问题的方法。	6分钟
	教师引导学生阅读课文中英国专家关于解决交通问题的建议，提示关键词对段落大意的重要性。	学生阅读，找出各段落大意。	训练学生找主旨大意的阅读技能。	6分钟
	教师提供三篇不同的阅读材料，让学生分成小组并选择一篇材料进行阅读，找段落大意。 教师选三组学生，让他们在班里交流所读的交通拥堵解决方案。其他学生在听的同时，选出所听到的方案。 教师再让另外三组学生汇报所听的内容。	学生分组阅读不同文本，找大意。 班内交流所读方案。	培养学生的合作意识与创造力。	18分钟
课程总结	为改善交通现状，倡议建立一个"无车日"。让学生结合所学，每人提出一条倡议。	学生说出倡议。	巩固整节课所学内容。	2分钟
作业	写一份倡议书，做成校园宣传海报。			1分钟

六、板书设计

Module 3 Unit 9 The Road to Destruction

Solutions：

vehicles

roads

rules

people

a "Car-free" Day

七、教学效果评价

1. 自我评价

请在符合自己情况的选项前的方框内画"√"。

我的思维状态： □兴奋 □活跃 □积极 □一般

我参与讨论的态度： □积极 □一般 □不够积极

我在课上的收获： □很大 □较大 □不太大 □很小

2. 小组评价

请根据同伴的表现，在相应选项前的方框内画"√"。

课堂上的参与程度： □很高 □较高 □一般 □不高

课堂上的总体表现： □优 □良 □及格 □不及格

3. 教师评价

_____

_____

八、本教学设计的特点

第一，以学生为主体对教学目标进行有效设计。

第二，积极开发、有效使用教学资源。

第三，激发学生的兴趣和学习动机，重视师生情感交流，共建和谐课堂。

第四，创设真实情境，让学生在体验、实践中学习、提高。

北京师范大学附属实验中学 张红旗

北师大版高二 Module 5 Unit 14

Job Trends—Survival of the Fittest

教学基本信息	
课题	Module 5 Unit 14 Job Trends—Survival of the Fittest
教材	北师大版高中英语必修五
课型	阅读课

一、教学背景

(一)教学内容

本单元的话题涉及如何根据个性选择适合的工作，工作面试、注意事项以及模拟面试，科技发展对未来工作的影响和对个人技能的要求，目前劳动力市场上最具竞争力的雇员的性格特点。

本节课选取的是第4课的内容，涉及不同工作领域发生的变化、随着这些变化人们所需要的工作技能，以及如何做到更好地适应未来的工作变化。教师会带领学生对课文内容进行深层次阅读，提取主要信息，再进行拓展阅读，补充相关信息，并联系实际，进行模拟面试练习。

(二)学生情况

学生经过第1课时的学习，已经对课文内容有了初步了解，掌握了基本词汇，了解了课文整体及段落的大概内容，完成了还原句子练习。

二、教学目标

(一)知识与技能

通过阅读课文及补充材料，掌握与工作相关的词汇及表达法，包括工作领域的变化及人们应对变化需要具备的一些技能、技巧。

（二）过程与方法

较深层次地理解课文内容，并拓展相关的知识，同时训练阅读技巧。

（三）情感、态度、价值观

了解当前工作领域发生的巨大变化，加强"适者生存"的意识，懂得应该跟随变化，从现在做起，从点滴做起，有意识地培养自己各方面的能力，从而更好地为将来走上工作岗位做好准备。

三、教学重点和难点

（一）教学重点

拓展与工作技能相关的信息，在阅读中提取重要信息，帮助学生准确理解。

（二）教学难点

阅读中归纳、提炼中心意思，并用英语准确地表达出来。

四、教学过程

教学环节	教学活动	设计意图	时间安排
导入	The teacher shows on PPT two news reports about the unemployment rate in China and developed countries.	引入话题并引发学生思考。	2 mins
课文阅读	The teacher asks the students to read the passage and find out the changes taking place in job areas. ↓ The teacher checks answers. ↓ The teacher asks the students to think how to be the "fittest". ↓ The teacher asks the students to read the passage again and find out changes that happen to working people and the important skills that people should have. ↓ The teacher checks answers. ↓ The teacher asks the students to give examples or explanations to prove that these skills are important. (Each group talks about one aspect. The students work in pairs.) ↓ The teacher asks the students to share their ideas with the class.	略读，找到相关信息。进一步理解课文内容，深刻理解每一方面技能的重要性。交流，口语表达。	11 mins
拓展阅读	The teacher asks the students to do the exercises on the handout and summarizes some other skills. ↓ The teacher checks answers.	练习阅读，提取归纳中心词；了解更多工作技能。	8 mins

续表

教学环节	教学活动	设计意图	时间安排
模拟面试	The teacher asks the students to work in groups of four and discuss what job skills and qualities are needed for the job they are going to apply for. ↓ The teacher invites "applicants" to come to the front and get interviewed, and then asks the audience judges if they have any questions and if they want to hire the applicant.	联系实际生活进行交际练习，并展示交流。	17 mins
课程总结	The teacher makes a summary and encourages the students to face the changes and challenges positively and improve their skills actively in life.	总结与情感教育。	2 mins

五、板书设计

Module 5 Unit 14 Job Trends—Survival of the Fittest

Changes of job areas

Changes of working people

Skills needed for future jobs

More skills needed

六、教学效果评价

1. 自我评价

我的思维状态： □兴奋 □活跃 □积极 □一般

我参与讨论的态度： □积极 □一般 □不够积极

我在课上的收获： □很大 □较大 □不太大 □很小

2. 小组评价

课堂上的参与程度： □很高 □较高 □一般 □不高

课堂上的总体表现： □优 □良 □及格 □不及格

3. 教师评价

七、本教学设计的特点

本节课是这篇课文的第 2 课时，旨在加深学生对课文的理解。教学流程连贯，衔接自然，一环扣一环。

　　导入部分以中国城市和世界发达国家的失业率报道开篇，联系实际，发人深省，并自然衔接到课文。

　　教师对课文进行深层次分析之后，又补充了与课文相关的有关工作所需的技能、技巧的阅读材料，学生在获取相关信息的同时，也掌握了快速阅读并提取主旨大意的阅读技能。

　　最后的模拟面试环节可以让学生应用本课所学内容进行应聘，做到学以致用。

北京师范大学附属实验中学　　苏　静

北师大版高一 Module 2 Unit 6

Dream Houses

基本信息	
课题	Module 2 Unit 6 Dream Houses
教材	北师大版高中英语必修二
课型	阅读课

一、教学背景

(一)教学内容

本节课所使用的材料是北师大版模块 2 第 6 单元第 4 课的阅读文章。

从单元内容上看，本单元的四课分别是"A Matter of Taste"(了解不同文化中不同的审美观和品味)，"Great Buildings"(了解伟大的建筑和特点，挖掘文化渊源)，"Chinese Paper Art"(了解中国文化以及传播中国文化)，"Dream Houses"(小说阅读，故事围绕着梦想房屋展开，让学生体味一个移民家庭在美国的艰辛生活)。因此，每课都是从不同的角度围绕着"文化"这一主题展开的。

本课的文章是从小说 *The House on Mango Street* 中节选的，语言鲜活、优质，能带动学生进入故事情境，从而激发学生学习语言的兴趣，更为重要的是它能够帮助学生超越语言，去体味故事，触动情感，深化思考，感悟人生。

从篇章结构上看，节选的这部分故事讲述的是居住在芝加哥拉美贫民社区杠果街上的女孩 Esperanza 及其家人的艰辛生活。无论现实多么不尽如人意，小女孩一直都梦想着拥有一所属于她自己的房子。但是节选部分不能让学生比较完整地理解小女孩的生活环境以及小女孩的梦想，如房子里面所承载的写作梦想等。因此，我从小说中找出了所需章节，进行了补充，以便学生能够从整体上理解故事，同时也能深入地理解小女孩的梦想。

从语言上看，用词比较简单，但用意很深，学生只有具有很好的推理能力，才能理解作者在字里行间传递的意思。故事以小女孩讲述的形式展开，语言稚嫩却能透出沧桑感，句子短小却能传递出强烈的情感。整个故事虽朴实，却也能透露出诗意和浪漫。教师上课的时候就是要引导学生去探索和发现其中的美。

（二）学生情况

本节课的授课对象是示范校高一实验班的学生。

从语言层面来看，学生词汇量较大，阅读能力比较强。班中看原版小说的学生比较多，他们热爱阅读，知识面比较广，喜欢表达，习惯了合作学习。

从话题的角度上看，移民家庭在美国的生活是学生很想了解的话题。小女孩面对艰辛的生活，依然心怀梦想，这是学生们需要学习的精神，也是开展小说阅读教学的切入点。

二、教学目标

（一）知识与技能

学生能通过了解本文的写作背景，领悟到本文的深层含义。

（二）过程与方法

学生能更好地赏析诗歌语言。

（三）情感、态度、价值观

学生能学会欣赏小女孩面对艰辛的生活，依然心怀梦想的乐观精神。

三、教学重点和难点

（一）教学重点

用问题带动推理，挖掘出"话里话"，引导学生去发现文字背后的深刻用意。

（二）教学难点

带领学生从浅到深地了解小女孩、她的家人和他们所处的环境，以及小女孩的具体梦想和更高远的梦想，引导学生思考，鼓励学生表达。

四、教学流程示意图

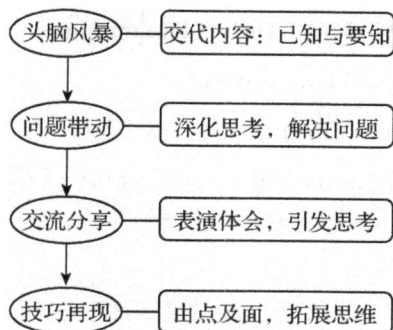

```
头脑风暴 —— 交代内容：已知与要知
   ↓
问题带动 —— 深化思考，解决问题
   ↓
交流分享 —— 表演体会，引发思考
   ↓
技巧再现 —— 由点及面，拓展思维
```

五、教学过程

教学环节	教学活动	设计意图	时间安排
收集已知信息，交代本课内容	Brainstorm the information about the girl and briefly introduce today's instruction content.	To ensure all the students know the basic information about the girl and be clear about the coming reading task.	3 mins
阅读，讨论，分享	Infer their family background and their present life condition (where she lived, her family, why they moved a lot, how the landlords was).	To focus on key sentences and lead the students to deeper understanding of the meanings by reading between the lines.	7 mins
阅读，表演，独白	The students read Chapter 10 and do a very short play to visualize and feel the girl's sadness. The teacher asks one student to read about their desperate dream of their own house.	To feel the girl's sadness and desperate desire for their own house and to arouse the students' empathy. Acting shows the depth of understanding, so the students can read, act, judge, adjust and deepen understanding.	10 mins
阅读，分组，分享	The students read Chapter 5, get the hidden messages and know better about the girl and her dream house. The students learn to appreciate the language and some poetic devices.	To deeply understand the girl's dream house and the spirit and love that her dream house has. To learn how to appreciate the simple but poetic language.	10 mins
阅读，回答问题	The students read about Papa and Mama's dream house and the house on Mango Street and answer questions.	To put the girl's dream in the background again and make the contrast sharper and lead to the conclusion: Life is hard, and they need to hold their dreams.	4 mins
分组讨论并分享	The students discuss in a group of four on topics: Esperanza, Mango Street, the author, Sandra Cisneros.	To enforce the connection between the characters and their settings and the characters and the author's background and experiences.	4 mins
总结和布置作业	Encourage the students to finish reading the novel, and write a passage about Esperanza after class.	To encourage the students to read better by reading between the lines. Read more and grow better!	2 mins

六、板书设计

> **Module 2 Unit 6 Dream Houses**
>
> The House on Mango Street
>
> The little girl：Esperanza
>
> The setting：Latinas in the poor area of Chicago

七、教学效果评价

对所有推断题的回答和讨论深化了学生对文本的理解。文本和学生、学生和学生、学生和教师之间交流比较充分。

八、本教学设计的特点

(一)推断思维贯穿整节课

所有问题的解答均与推理思维相关。教师设置推理性问题，带动学生积极查找线索，使学生在阅读小说时能够"沉进去"，从而理解得更深刻。

(二)故事主线与理解深度

所有教学内容都是围绕主人公展开的，从生活到梦想，从浅层的物质追求到深层的精神追求，主线清晰，层次分明。

(三)挖掘语言本身的魅力

教师引导学生关注语言的魅力。语言简洁、生动，充满诗意和力量，既能展现出现实的艰辛，也能表达出女孩的浪漫和梦想的力量。

北京师范大学附属实验中学　张　晶

北师大版高一 Module 4 Unit 12
Living Abroad

教学基本信息	
课题	Module 4 Unit 12 Living Abroad
教材	北师大版高中英语必修四
课型	阅读、口语课

一、教学背景

(一)教学内容

本节课所使用的教学材料是北师大版模块 4 第 12 单元第 3 课的文章"Living Abroad"。为了让学生对本节课的话题有更直接的体会，教师在阅读材料的基础上增设了情境预设环节，让学生通过阅读与读后活动为教师出谋划策。这样可以使学生对于话题的探讨更有针对性，从而提高学生的课堂参与度。

(二)学生情况

从语言层面看，本班学生的英语水平参差不齐，整体口语水平不高，听取信息的能力偏弱。

从话题层面看，部分学生有出国游学的经历和出国留学的打算，他们对于英语国家人们与中国人在行为举止和待人接物方面的异同有一定的认识，这对于话题的开展有一定的帮助。

二、教学目标

(一)知识与技能

学生能够通过讨论提取出重要文本信息及主旨。

（二）过程与方法

学生能够对阅读内容进行口头转述并记录信息。

（三）情感、态度、价值观

学生能够对于出国留学所面临的困难有比较全面的认识，并能给他人提出建议。

三、教学重点和难点

（一）教学重点

提取并转述信息。

（二）教学难点

总结问题，分析问题，解决问题。

四、教学过程

教学环节	教学活动	设计意图	时间安排
任务导入	教师结合相关经历，向学生抛出本节课的话题任务：To go or not to go studying abroad? 学生列出出国留学可能出现的各种问题。	带领学生进入本节课主题，调动学生积极性。	2分钟
阅读活动一	为学生布置阅读任务： 1. Match the persons with their problems. 2. Describe their problems. 3. What kind of problems are they? 学生阅读，从文本中提取相关信息。并通过分析文本总结概括相关信息。	学生阅读文本，进一步熟悉、理解、分析本节课的话题。	8分钟
阅读活动二	给学生分小组，发给每个小组新的阅读材料。该材料是与课本内容相关的补充材料。学生做信息差阅读，先各自阅读自己的材料，然后通过讨论挑出最重要的两条建议写在表格中，并准备转述。	训练学生提取和加工信息的能力，为转述信息做准备。	8分钟
读后活动	组织学生进行信息分享活动。把自己挑出来的有用信息和其他同学分享。学生们分享信息，记录信息，以小组为单位完成阅读材料信息的提取和总结工作。	利用信息差阅读，提高学生的参与度，转述文本信息的语言表达能力，以及听取信息、记录信息的能力。	15分钟

续表

教学环节	教学活动	设计意图	时间安排
讨论	让学生写一句话来表达自己关于"To go or not to go studying abroad"的想法。 学生在纸上写出自己的想法。	引发学生思考。	6分钟
作业	Think about your future plan. Share your ideas with your classmates tomorrow.		1分钟

五、板书设计

Module 4 Unit 12 Living Abroad

Homesickness

Outsider feelings

Culture shock   studying abroad   Comfort Zone

Language barriers

Learning problems

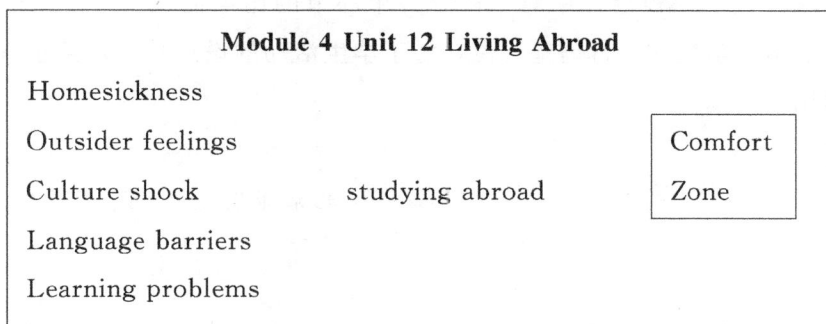

六、本教学设计的特点

第一，我对课堂设计的认识。我一直认为，课堂设计很重要。一堂课，如果设计合理，所教内容才能真正为学生所吸收，为学生所运用。但是，如何做到设计合理，却是非常大、非常难的一个课题。它主要体现在四个环节：导入环节、文本处理环节、读后扩展环节、作业环节。首先是导入环节。我之前觉得给学生一个相关话题作为导入，然后引到课文话题就算是设计合理了，其实这是远远不够的。这次在李艳老师的亲自指导下，我对该问题有了更加清楚的认识：要想让学生高效地参与课堂，就要为学生创设情境并让其参与其中，这样才能真正抓住学生的心。所设置的情境必须能够实施，既要贴近学生生活实际，又不能离话题太远。其次是文本处理环节。我之前的设计要么完全依赖于文本，缺乏扩展，要么侧重于扩展，对文本处理得过于轻描淡写。通过李老师的指导，我明白了：阅读教学一定要依托文本阅读，充分分析文本内容，在学生吃透文本内容的基础之上加以扩展，从而锻炼学生利用文本所学解决问题的能力。然后是读后扩展环节。这个环节是锻炼学生思辨能力的环节。这个环节的设计一定要巧妙，巧妙到让学生感觉不到它是为了训练他们的思维而进行的提高环节，否则学生的参与度会降低，甚至会造成为了说而说的尴尬情况，从而达不到预期效果。在我的这节课上，李老师给我的指导意见是：从开始就给学生设计情境，把这个扩展环节的任务在课程开始时就抛给学生，这样一来，学生在扩展环节就开始利用所读文本解决问题了。最后是作业环节。我之前很少花心思去设计作业环节，因为我觉得一堂好课的主要内容体现在课上，课后作业就是复习课堂内容。这次通过李老师的指导，我认识到：课后作业的设计可以是课堂教学的延伸，可以引导学生在课后对于课堂所学内容进行更加深入的思考。

第二，我对课堂用语的认识。在这节课后，我对于课堂用语的精确性有了新的认识。之前由于我的课堂用语不够规范，且课程的各个环节之间的衔接没有固定的课堂用语，因此我的课堂指示语啰唆且不够清晰，占用了很多不必要的课堂时间，而且学生也不能像我预想的那样完成我设计的活动。李老师就亲自带着我一遍又一遍地打磨我的课堂用语，我们常常会讨论到晚上8点以后。李老师还用周末时间帮我梳理我的讲课思路，整理我的课堂用语，不断完善这堂课。我觉得正是由于我的课堂用语更精确了，我才能上出这样一堂流畅的优质课。

第三，我对一堂好课的新认识。我觉得这堂课是我教英语以来上得最好的一节课。它的好主要体现在学生的课堂输出确实是基于他们的课堂输入，而且他们确实利用所读文本解决了现实问题。我觉得这得益于课程设计中对于课程各个环节的比重把握适度，对于文本的分析详细，学生输出之前给予学生的语言铺垫到位，对于学生活动的设计巧妙，给予学生活动的时间充分，课堂教学用语流畅。

北京师范大学附属实验中学　赵利佳

外研版八年级 Module 6 Unit 2

The WWF is working hard to save them all.

教学基本信息	
课题	Module 6 Unit 2 The WWF is working hard to save them all.
教材	外研版八年级上册
课型	阅读课

一、教学背景

(一)教学内容

"The WWF is working hard to save them all"是一篇说明文。作者围绕"熊猫"这一主题，为我们描述了熊猫的现状和政府的保护措施，引导我们要保护濒危动物。教师要让学生通过本课学习意识到保护濒危动物和保护环境的重要性和必要性。

(二)学生情况

八年级学生对于"保护动物"这个话题是比较熟悉的，他们对于为什么要保护动物、如何保护动物有自己的思考。学生很乐于去表达自己的观点，对话题也有一定的兴趣，他们已经掌握了一些基本的阅读策略。本节课侧重阅读能力和小组合作能力的培养，让学生在阅读和看视频的过程中增强保护濒危动物的意识和保护环境的意识。

二、教学目标

(一)知识与技能

学生能够理解本文的主旨及各个段落的大意，并能够通过阅读材料找到具体信息。

(二)过程与方法

学生能够掌握精读与泛读的技巧，并在小组合作中使用阅读技巧进行阅读。

(三)情感、态度、价值观

学生能够意识到保护动物及环境的重要性与必要性。

三、教学重点和难点

(一)教学重点

教会学生阅读技巧。

(二)教学难点

教会学生总结一篇文章的主旨大意的方法。

四、教学流程示意图

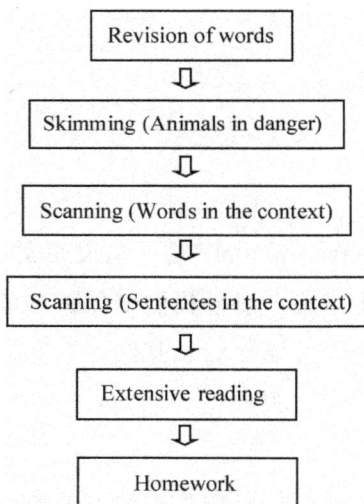

```
┌─────────────────────────┐
│   Revision of words     │
└─────────────────────────┘
            ⇩
┌─────────────────────────────┐
│ Skimming (Animals in danger)│
└─────────────────────────────┘
            ⇩
┌──────────────────────────────┐
│ Scanning (Words in the context)│
└──────────────────────────────┘
            ⇩
┌──────────────────────────────────┐
│ Scanning (Sentences in the context)│
└──────────────────────────────────┘
            ⇩
┌─────────────────────────┐
│   Extensive reading     │
└─────────────────────────┘
            ⇩
┌─────────────────────────┐
│       Homework          │
└─────────────────────────┘
```

五、教学过程

教学环节	教学活动	设计意图	时间安排
Lead-in	1. Revision. 2. Show the pictures and play the video.	To arouse the students' interest and provoke their thoughts of the topic.	3 mins
Pre-reading	Ask the students to think how to protect animals.	To lead in the topic.	2 mins

续表

教学环节	教学活动	设计意图	时间安排
While-reading （Intensive reading）	1st reading： Ask the students to read each paragraph and choose the best heading for each paragraph.	Skimming： To get the main idea of each paragraph by skimming.	20 mins
	2nd reading： Ask the students to read again and find out the key words.	Scanning： To get detailed information.	
	3rd reading： Ask the students to open their books, read the passage and answer the questions.	Scanning： To get detailed information and learn to make a conclusion.	
	Play the record.	To understand the passage better and more completely.	
Post-reading （Extensive reading）	Ask the students to think about how to protect animals.	To arouse the students' awareness of protecting animals.	15 mins
	Ask the students to read a passage about an animal in group and find out some information as quickly as they can.	To enhance the students' reading skills and team cooperation ability.	
	Play another video.	To make the students notice the value of protecting animals.	
Homework	1. Read and imitate. 2. Underline the key words/phrases. 3. Underline the difficult sentences. 4. Write some advice on what we can do to protect animals around us.		

六、板书设计

Module 6 Unit 2 The WWF is working hard to save them all.

Main ideas
Para. 1　danger
Para. 2　home
Para. 3　nature parks
Para. 4　WWF，other animals

七、教学效果评价

本节课的教学效果评价方式主要是课堂展示。

第一，学生在阅读材料的推动下进行不同词汇和句子的准确选择。

第二，学生陈述"如何保护动物"的观点。

第三，学生以小组合作的形式阅读有关濒危动物的材料，获取相关信息。不同小组的学生在班内汇报不同的濒危动物，让全班同学了解更多濒危动物。

八、本教学设计的特点

第一，小组合作、探究。我提前打印好阅读材料，并把它们装在信封中。上课时我把学生分成了六大组，并给予每个组不一样的阅读任务。我首先让学生自己读文章，然后让他们在小组内合作完成阅读任务，最后由各小组选派一名学生做汇报，并把汇报材料贴到白板上。学生们在这个过程中不仅了解到更多有关濒危动物的知识，而且增强了团队合作意识。这符合课程标准中"让学生用英语做事情，通过合作、探究等方式培养学生的综合语言运用能力"的要求。

第二，训练学生掌握不同的阅读方法和阅读技巧。通过本课的学习，学生能从一般文字资料中获取主要信息和观点，能理解段落中各个句子之间的逻辑关系，能概括出文章的主题，全面提升了阅读技能。

北京师范大学附属实验中学　陈　青

人教版高二 Module 6 Unit 2

A Few Simple Forms of English Poems

教学基本信息	
课题	Module 6 Unit 2 A Few Simple Forms of English Poems
教材	人教版①高中英语选修六
课型	阅读课

一、教学背景

（一）教学内容

人教版选修六模块 6 第 2 单元的中心话题是"诗歌"。课文介绍了五种简单的英文诗歌形式及其特点，并对每一种诗歌形式进行举例说明。通过学习课文，学生将了解诗歌的一些基本特征，并学会欣赏这些优美的文学作品。

本篇课文语言简单，内容并不复杂，主要包括两大部分：一是对于五种简单的英文诗歌形式及其特点的介绍，二是对于五种诗歌形式所举的八首例诗。

因此，教师可以考虑将两部分分离，先后发给学生。这样既能带给学生挑战，也能加深学生对诗歌形式及其特点的认识。

另外，本篇课文中的五行诗"Brother"，语言虽然简单，但情感丰富，在读者眼前呈现了一幅清晰的画面，是一首值得仔细品味的诗歌。教师可以带着学生一块欣赏，从而帮助学生体会诗歌所传递的情感，感受诗歌的语言魅力，帮助学生学会欣赏诗歌，激发学生对英文诗歌的兴趣。

（二）学生情况

本节课的授课对象是北京市重点高中实验班的学生，他们的语言水平较高。这样一篇简单的说

---

① 人教版是指人民教育出版社出版。

明性文章对于他们来说没有任何难度。教师如果把课文拿过来直接使用的话，恐怕不能充分调动学生的积极性。因此，为了带给他们挑战，增强学习的趣味性和学习效果，教师灵活地使用教材，把课文中对于诗歌形式及其特点的介绍部分以 worksheet（活页练习题）的形式先发给学生，在学习了这一部分内容之后，再将装在信封里的八首例诗发给学生，让学生将例诗与诗歌形式进行匹配。

另外，学生此前并没有接触过英文诗歌，不了解英文诗歌的形式和特点，也不懂得如何鉴赏英文诗歌。因此，设计好教学活动，合理设置问题将会引发学生思考，帮助学生体会语言背后隐藏的丰富情感，也会激发学生对英文诗歌的学习兴趣。

（三）教学方式

教师让学生通过自主阅读和小组讨论等活动形式，学习诗歌形式及其特点，并体会诗歌所传递的情感。

（四）教学资源

电脑、音频、教材、学案。

（五）技术准备

幻灯片展示问题、提示和答案等。

二、教学目标

（一）知识与技能

- 学生能够通过阅读课文，说出五种简单的英文诗歌形式及其特点。
- 学生能够在了解了英文诗歌的特点后，判断所给诗歌的所属类别。
- 学生能够通过阅读诗歌，用英语表达诗歌所传递的情感，并描述诗歌呈现的画面。

（二）过程与方法

学生能够利用网络资源查找诗歌信息，培养自主学习能力。

（三）情感、态度、价值观

学生能够通过理解诗歌传递的情感，帮助其感受英文诗歌的魅力，培养对英文诗歌的兴趣。

三、教学重点和难点

（一）教学重点

- 介绍五种简单英文诗歌的基本特点。

· 判断八首例诗所属的诗歌类别。

· 欣赏五行诗"Brother"，并说明其传递的情感。

（二）教学难点

· 对于诗歌重要元素韵和节奏的理解。

· 对于学案中的 Poem H 的类别的判断。

四、教学过程

教学环节	教学活动	设计意图	时间安排
Lead-in	Step 1：The students sing the song *The Star* together with the teacher. Meanwhile，The teacher claps hands with the students. *The Star* *Twinkle，twinkle，little star，* *How I wonder what you are.* *Up above the world so high，* *Like a diamond in the sky.* *Twinkle，twinkle，little star，* *How I wonder what you are.* Q1. Do you know *The Star* was originally written as a poem?	导入本单元话题——诗歌，让学生体会诗歌的重要元素——节奏。	4 mins
	Step 2：The students answer the teacher's questions. Q1. Are there any poems you love very much，either in Chinese or in English? Q2. Do you know any forms of English poems?	激活学生已知，在新旧知识之间建立联系，导入本节课话题——英文诗歌形式。	
While-reading	Step 1：The students read to learn forms and characteristics of English poems. First reading：The students read the text and circle the forms introduced. Q1. How many forms of poems are introduced?（Five.） Q2. What are they?（Nursery rhymes，list poems，cinquain，haiku and Tang poems.）	获取文章主要信息。	34 mins
	Second reading：The students read the text and underline the characteristics of the forms. Q3. What are the characteristics of each form? 1. The students read and underline the characteristics individually. 2. The students exchange their answers with their neighbors. 3. The students report the answers to the class.	获取文章细节信息。了解五种诗歌形式的具体特点。	

教学环节	教学活动	设计意图	时间安排
	1. Characteristics of nursery rhymes a. concrete but imaginative language b. rhyme c. strong rhythm d. repetition e. easy to learn and recite（教师在此解释 rhyme 和 rhythm。） （另外，教师进一步帮助学生明确 nursery rhymes 的中文意思是童谣，它的写作对象是儿童，所以其内容及语言都要适合儿童的年龄特点。） 2. Characteristics of list poems a. a flexible line length b. repeated phrases （另外，教师提醒学生 list poems 和 nursery rhymes 一样，也有 repeated phrases。那么如何区分 list poems 和 nursery rhymes 呢？） 3. Characteristics of cinquain a. made up of five lines b. convey a strong picture in just a few words 4. Characteristics of haiku a. made up of 17 syllables b. give a clear picture using the minimum of words 5. Characteristics of Tang poem They are not mentioned.		
	Third reading：The students read and remember the characteristics and get ready for a quiz. A quiz about the characteristics of the forms. Q1. Which form of poetry is written for babies? (Nursery rhymes) Q2. Which forms of poetry have repetition? (Nursery rhymes and list poems) Q3. Which form of poetry has a fixed line length? (Cinquain, 5 lines) Q4. Which form of poetry has a fixed number of syllables? (Haiku, 17 syllables) Q5. Which forms of poetry were originally from Asia? (Haiku and Tang poems)	帮助学生进一步内化五种诗歌的具体特点，为后面诗歌类别的判断做准备。	
	Step 2：The students match the poems with the forms. 活动说明：教师让学生拿出装在信封里的八首诗歌，然后将诗歌与相应的诗歌形式匹配。 The students choose the right poems for the forms and explain the reasons. Before doing the task, the teacher asks the question：How do you know which form a poem belongs to? The students realize that they can identify the form of a poem by seeing if it has the characteristics of a certain form. 1. The students underline supporting evidence in the poems individually. 2. The students exchange their answers with their partners. 3. The students report their answers to the class. 1. Nursery rhymes：Poem C Nursery rhymes have rhymes and repetitions. The rhyming words are： word-mockingbird [əːd] sing-ring [ɪŋ] brass-looking-glass [ɑːs] broke-billy-goat [əʊ] away-today [eɪ] The repetitions are： *Papa's going to buy …* *If that …*	让学生根据诗歌的外在特点来判断其所属类别。	

教学环节	教学活动	设计意图	时间安排
	2. List poems：Poem F and Poem H List poems list things and have repeated phrases. The repeated phrases are： *If* … in Poem F. *I saw* … in Poem H. 3. Cinquain：Poem A and Poem E The cinquain is made up of 5 lines. In these two poems there are five lines. 4. Haiku：Poem B and Poem D A haiku poem is made up of 17 syllables. The two poems both have 17 syllables. 5. Tang poems：Poem G		
	Step 3：The students enjoy the poems. Activity 1. The students read Paragraph 1 and answer the question below. Why do people write poems? (To tell a story, describe something and convey certain emotions.)	帮助学生了解人们创作诗歌的目的。	
	Activity 2. The students read the cinquain poem "Brother" and answer the questions below. Q1. What emotion does the writer convey in this short poem? What makes you think so? (The poem conveys the writer's love for his brother. The words "beautiful, athletic, friend, mine" express the writer's love for his brother. The words "teasing, shouting, laughing" describe the scenes in which the writer and his brother make jokes and roughhouse. The words "friend and enemy too" describe the relationship between the writer and his brother.) Q2. What pictures appear in your mind after reading it? What conveys the pictures? (An attractive and energetic boy likes sports and therefore he often sweats a lot. The writer and his brother make jokes, horse around and burst into laughter. Even if sometimes they might quarrel like enemies, they are brothers after all and love each other deeply.) (The few words convey the pictures vividly.) 1. The students read the poem and think about the questions individually. 2. The students exchange their understanding of the poem with their partners. 3. The students share their understanding of the poem with the class.	帮助学生学会体会诗歌文字背后所隐藏的情感，感受诗歌语言的感染力。	
Post-reading	The students discuss the question below with their partners. What do poems bring to us?	引导学生思考诗歌所赋予我们的东西，感受诗歌的魅力。	6 mins

续表

教学环节	教学活动	设计意图	时间安排
Homework	1. Read the text again and remember the characteristics of the forms. 2. Read the poems again, choose the one you like, mark what shows which form it belongs to, and write down your feelings about it. 3. Surf the Internet and find some poems you love and share with the class.	加深学生对所学诗歌形式及其特点的记忆，使学生进一步体会其他诗歌所表达的情感。利用丰富的网络资源培养学生的自主学习能力。	1 min

五、本教学设计的特点

在本教学设计中，教师没有将教材拿过来直接使用，而是从学生的实际情况出发，灵活地、有创造性地使用了教材。教师将课文对于诗歌形式和特点的介绍部分与诗歌举例部分分离，让学生先学习诗歌形式及其特点，再判断八首诗歌的所属类别。这样不仅给学生以挑战，而且能让学生学得更扎实。

在让学生判断诗歌所属类别的环节中，教师预设了难点。部分学生会对 Poem H 究竟属于 nursery rhyme 还是 list poem 做出错误判断。因此，教师在带领学生学习这两类诗歌的特点时，就有意识地引导学生关注其相似性和差异性，这样在后面出现问题的时候，通过引导，学生就能较快地修正自己的答案。

另外，在常规课堂上，教师通常只关注文本信息的提取和理解，就本篇文章来说，可能更专注于让学生了解诗歌的形式和特点。但是，在本节课上，教师在让学生获取诗歌基础知识的基础上，还要学会欣赏诗歌。因此，教师设计了"enjoy the poems"（欣赏诗歌）这样一个环节，帮助学生体会诗歌所传递的情感，并感受诗歌的语言魅力，使学生学会欣赏诗歌，激发学生对英文诗歌的兴趣。

北京师范大学附属实验中学　杨立宪

第三章　写作课教学设计

自编教材七年级

The Baker Family

教学基本信息	
课题	The Baker Family
教材	自编教学材料
课型	写作课

一、教学背景

(一)教学内容

本节课的教学内容为自编的三个段落。其中部分单词、词组和句式是学生在课堂外补充材分析料中接触的内容，学生要达到熟练应用还存在一定的难度，尤其是选用一个贴切的形容词来描述一个人，这对于学生而言更具挑战性。为了增强写作课的趣味性，降低写作的难度，教师有效地整合了教材中关于星期的单词、运动和锻炼的词组、常用的频度副词和衔接词，以及书中的重点语法"一般现在时"的内容。为了把三个段落有机地结合在一起，教师设计了"The Baker Family"的话题，借助对家庭成员不同性格的描述，把三个有机的段落呈现给学生。学生在学习了四个人物的性格特征之后，也就了解了三个段落的语言内容。等学生内化了语言知识后，教师引导学生重新观察段落的构成，体会段落写作模式的一般规律，从而培养学生有序自如地输出语言信息的能力。

(二)学生情况

本次授课对象是七年级理科实验班的学生，共 45 人。班中大部分学生对英语有浓厚的兴趣，乐于思考，活动参与性强。一部分学生词汇量较大，热衷于课下自觉地积累单词，本课中的词汇和句子结构对于他们而言已经不陌生，在英语学习中有一定的榜样引领作用。一小部分学生基础还不扎实，口语的熟练程度和词汇的准确拼写及使用方面都有待加强，尤其是落实到纸面文段的表达上，更加需要有针对性的指导训练。

二、教学目标

(一)知识与能力

· 学生能够熟练、准确和恰当地运用形容词和一般现在时来描述身边的人。

· 学生能够明确程度副词的位置，辨明如何在语境中填好恰当的主题句，以及如何在支撑细节部分合理运用连接词，使段落表达清晰且富有逻辑。

· 学生能够快速浏览提炼出英文段落的写作结构——主题句和支撑细节，并能提取出支撑细节中的衔接词。

(二)过程与方法

· 学生能够通过多样的段落输入活动，培养探究意识和发散思维。

· 学生能够通过组内交流，学会分析、评价和借鉴他人的习作。

(三)情感、态度、价值观

学生能够通过交流，积极争取支持，从而获得自己所需要的信息，同时，要明确自己的价值，与同伴积极合作，实现团队学习效率的最大化。

三、教学重点和难点

(一)教学重点

· 用一个段落描述人的性格特征。

· 合理地运用时间顺序和关联词，有效地衔接支撑细节，使段落逻辑清晰。

(二)教学难点

形容词的选用为该课难点，尤其是一些不太熟悉、内涵不太清楚的形容词的习得和使用。

四、教学流程示意图

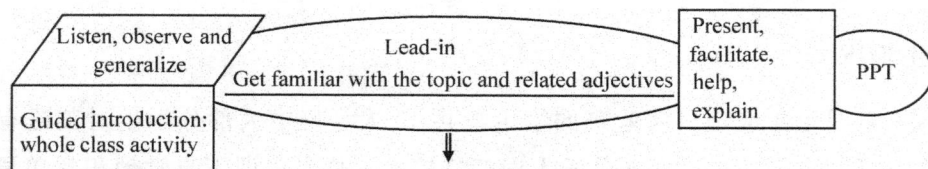

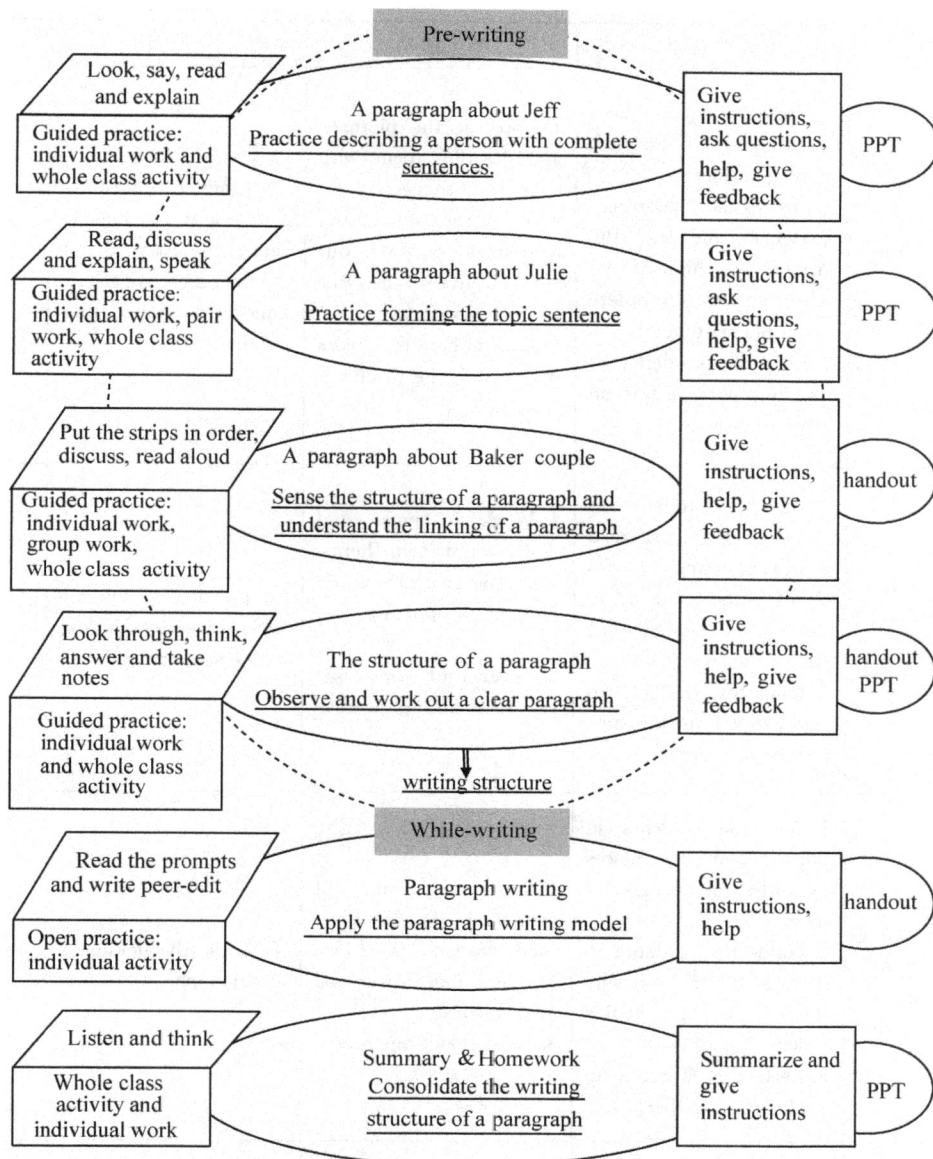

Pre-writing

Look, say, read and explain		
Guided practice: individual work and whole class activity	A paragraph about Jeff Practice describing a person with complete sentences.	Give instructions, ask questions, help, give feedback

PPT

Read, discuss and explain, speak		
Guided practice: individual work, pair work, whole class activity	A paragraph about Julie Practice forming the topic sentence	Give instructions, ask questions, help, give feedback

PPT

Put the strips in order, discuss, read aloud		
Guided practice: individual work, group work, whole class activity	A paragraph about Baker couple Sense the structure of a paragraph and understand the linking of a paragraph	Give instructions, help, give feedback

handout

Look through, think, answer and take notes		
Guided practice: individual work and whole class activity	The structure of a paragraph Observe and work out a clear paragraph	Give instructions, help, give feedback

handout PPT

writing structure

While-writing

Read the prompts and write peer-edit		
Open practice: individual activity	Paragraph writing Apply the paragraph writing model	Give instructions, help

handout

Listen and think		
Whole class activity and individual work	Summary & Homework Consolidate the writing structure of a paragraph	Summarize and give instructions

PPT

五、教学过程

教学环节	教师活动	学生活动	设计意图	时间安排
Lead-in	1. Present the first two pictures to introduce the topic and the family members. 2. Help the students to think of more adjectives to describe people.	1. Look at the first picture to understand the topic. 2. Brainstorm adjectives to describe the Bakers based on the family photo.	To get familiar with the topic and some adjectives they might use in the following tasks.	4 mins

教学环节		教师活动	学生活动	设计意图	时间安排
Pre-writing	A paragraph about Jeff	1. Present the seven pictures about Jeff and ask some questions. 2. Present the supporting sentences and lead the students to think of one adjective to complete the topic sentence. 3. Lead the students to find out why Jeff is an athletic person.	1. Look at the pictures and describe them with complete sentences. 2. Read the supporting sentences to work out the adjective to describe Jeff's personality. 3. Explain how they work it out with the teacher's guidance.	To practice describing a person with complete sentences. To work out a proper adjective according to the supporting details.	5 mins
	A paragraph about Julie	1. Ask the students to work in pairs to read the supporting details about Julie and form their topic sentence of Julie in pairs. 2. Lead the students to find proof from the supporting details.	1. Work in pairs and discuss and form their own topic sentence based on the supporting details. 2. Speak out the topic sentence and give reasons.	To practice writing the topic sentence according to the supporting details.	5 mins
	A paragraph about Baker couple	1. Ask the students to put the jumbled sentences in order in groups of four. 2. Guide the students to discuss the reason why they put sentences in this order. 3. Lead the students to read aloud together.	1. Work in groups of four and put the jumbled sentences in order. 2. Check the answer and give reasons. 3. Read aloud together.	To sense the linking in a paragraph.	6 mins
	The structure of a paragraph	1. Guide the students to look through the three paragraphs and ask the students to find their similarities. 2. Lead the students to focus on the supporting details of three paragraphs and label the linking. 3. Write the structure of paragraph writing on the blackboard.	1. Look through the three paragraphs and identify topic sentences and supporting details. 2. Work out how the supporting details are linked. 3. Take notes on the structure of paragraph writing.	To observe and work out a clear paragraph writing structure.	5 mins

教学环节		教师活动	学生活动	设计意图	时间安排
While-writing	Paragraph writing	1. Present the writing prompts. 2. Play the music to ease the students' anxiety. 3. Provide the students with some help if necessary.	1. Get to know the writing prompts. 2. Finish writing the paragraph in 5 minutes.	To use the paragraph writing structure to write a paragraph describing a person.	8 mins
Post-writing	Sharing and evaluation	1. Present the evaluation criteria, guide the students to work in group of four and choose the best paragraph. 2. Guide the students to evaluate by picking up topic sentence and supporting details.	1. Work in groups of four and choose the best paragraph based on the criteria. 2. Share some of the best paragraphs in class by reading aloud.	To identify a well-written paragraph based on the criteria.	9 mins
Summary		Summarize the structure of a paragraph writing.	Review the structure of a paragraph.	To consolidate the writing structure of a paragraph.	2 mins
Homework		Write a second draft based on the prompts.			1 min

六、板书设计

The Baker Family	
Adjectives to describe people （学生头脑风暴中想出的形容词）	The structure of a paragraph Topic sentence Supporting details： 1. Time order 2. Linking words—and，also what's more

七、本教学设计的特点

第一，科学地利用学习规律，在短时间内帮助学生达到较高的学习水平。七年级学生入学刚半年，他们的单词、词组、语法等语言基础知识还不够丰富，口语表达还不够有逻辑，在这种情况下，要在短时间内让学生领会方法，有序、有效地用英语表达，确实难度很大。但是本节课由简入繁，层层推进，让学生很快掌握了表达技巧和描述方法。学生在阅读中反思，在反思中模仿，在模仿中创造，实现了英语写作的自然跨越。从教学效果看，本节课的设计定位准确，突出了七年级写作课的特点，契合了七年级学生的英语水平和发展需要，教学效果显著。

第二，自编的教学材料，生动有趣，针对性强。对于以模仿为主的七年级学生来说，学习材料的优劣直接影响学习效果的好坏。本节课本着信息输入的整体性原则，以生动完整的情境输入为主，层层推进，一段解决一个核心问题，让学生条理清晰地分析、归纳英语在表达中的逻辑、层次、方法和规律。这为提高学生的写作能力提供了有效素材和范例支持。这样的浓缩和有序呈现，是本节课能顺利突破难点的关键，符合七年级学生的学习心理特征，为学生在作文中用英语进行整体输出奠定了坚实的基础。

第三，教师在本节课中还精心设计了相关细节。

教师根据教学效果的需要和任务的特点，适时灵活地采取二人小组和四人小组的形式，提高了学生学习的积极性。学生的课堂参与度高，他们在短短的 45 分钟时间内，完成了从读到思到内化到输出的过程，最后还完成了一个 50 词以上的段落，这实属不易。更重要的是，不同层次的学生都有所收获，教与学的效果明显。

写作过程中的背景音乐，既舒缓了心情，又起到了计时的作用，更美化了学习环境。

在排序环节，每句话用不同的彩色纸条去呈现，这样在交流结果时，远远就能一眼看出彼此的不同，提高了评析和交流的效率。

在学生的习作交流环节，教师给出了评价量表，使七年级学生的评价更具操作性。

话题结构完整，趣味性强，主线清晰，过程自然。

课件的构图色彩鲜明，结构清晰，图片美观、生动、可爱，有吸引力。

北京师范大学附属实验中学　矢燕燕

北师大版高二 Module 8 Unit 23
Living in a Community

教学基本信息	
课题	Module 8 Unit 23 Living in a Community
教材	北师大版高中英语选修八
课型	阅读、写作课

一、教学内容

　　本节课的教学内容主要包括第 23 单元第 1 课的文章"Drummer Hits the Road"和四篇课外阅读文章："Cope with Annoying Dog Owners""Decoration Fuels Neighbor Conflicts""China's Noisy 'Dancing Grannies' Annoy Neighbors""China's Bike-sharing Boom Is Causing Headaches"。教师指导学生在阅读的基础上，进行小组接力写作，完成四篇与阅读文章相关的新闻报道："Five-Dog Owner Givers Away Three""Decoration Fuels Conflicts among Neighbors""High School Student Advocates Proper Use of Shared Bikes""Noisy 'Dancing Grannies' Leave the Apartment Square"。课文的阅读是在本课之前一节课进行的，课文主要作为本节课的一个导入，为本节课的写作练习提供新闻报道这一特殊文体的结构框架和一些可用的表达方式。四篇与社区冲突相关的课外阅读文章的作用则是，学生通过阅读其中一篇文章，在全班分享文章中关于各个冲突的具体矛盾和解决方法，由教师板书，为之后的课堂写作提供可用的表达方式，为写作活动扫除语言上的障碍。课内外阅读相结合，为学生课堂写作活动提供了结构上和语言上的支撑。在写作活动中，每组四名学生通过接力的方式，合作完成四篇新闻报道的写作任务。

二、教学目标

(一)知识与技能

通过阅读找到社区冲突的问题和解决方案，并通过小组分享获取社区冲突的关键信息。

(二)过程与方法

使用本节课所学词汇,通过小组合作,完成四篇新闻报道。

(三)情感、态度、价值观

意识到邻里关系及解决社区冲突的重要性。

三、教学过程

Steps	Activities	Intentions
Lead-in	Review the structure and key information of Text 1.	To review structure and useful expressions that can help the following writing.
Pre-reading	Discuss the problems and solutions to the conflicts in the four pictures.	To find out problems and solutions based on their own experience.
Reading	1. Each student reads their own passage different from others, underline key words about problems and solutions to the conflicts mentioned. 2. Check answers and get information about the other three conflicts.	To read and get key words useful for the following writing.
Writing	Work in groups of four to do a relay writing: each finishes one part of one report in one step, and finishes four parts in total. After four steps, a group completes four reports.	To practice writing newspaper reports with the help of information gap activity—relay writing.
Sharing and presentation	Read and choose two best reports in groups; present reports to the whole class.	To polish and appreciate news reports the students have written.
Homework	Read the four passages and polish one report they have written.	

四、教学反思

本节课是一节阅读写作课,主要是通过两个信息差活动,阅读四篇文章,并通过小组合作完成四篇相关话题的写作任务。课堂容量相当大,而信息差活动使学生在有限的课堂时间内完成阅读和写作这两项任务成为可能。

第一,利用信息差活动在有限的时间内尽可能输入更多的语言资料。本节课的话题是"社区冲突",包括四个小话题——养宠物、装修、广场舞和共享单车所引起的社区冲突。学生对这些话题的了解不多,很难具体说出有什么问题和解决方法,并且在口语表达上也存在着比较大的困难。因此,在写作前教师必须输入足够有效的语言资料,为学生扫除背景知识和语言表达方面的障碍。如果每个学生都读四篇文章,并找出关键词,在班级中分享核对,那必然会占用大量的写作时间,这堂课的教学目标就无法达成。因此,教师设计了一个"半信息差"活动,把学生分成四人小组，让每个成员阅读四篇文章中的一篇，并找出关键词，这样每组就完成了四篇文章的阅读。在常见的信息差活动中，学生需要自己讨论交流，从而填补信息差，但是由于时间的关系，在本节课中，教师让学生说出自己找到的关键词，然后由教师板书，在黑板上直观地呈现关键信息，以供学生在写作时可以快速借鉴和使用。因此，这只能说是一个"半信息差"的阅读活动。

第二，利用信息差进行"接力写作"。"接力写作"是备课时本组教师讨论出的新名词，它非常形象地说明了这一写作活动的特点。教师把学生分为四人小组，给每组发四份与之前阅读文章相关的写作学案，每篇学案都是按照"Drummer Hits the Road"这篇新闻的结构编写的。学生需要根据写作要求和段首句，续写四个段落。写作活动分为四个步骤：第一步，每个学生拿到与之前阅读文章相同主题的写作学案，根据学案中所提供的标题和信息，按照写作要求续写第一段。第二步，学生完成第一段后，按照顺时针方向交换学案，由下一位同学完成第二段。第三步和第四步，学生交换并完成第三段和第四段。因此，每个学生在写作过程中都会阅读前面同学写作的部分，根据前面的内容，发挥自己合理的想象，进行接力写作。写作完成后，小组阅读讨论，选出最好的两篇，在班级中分享。

信息差活动在本节课中起了至关重要的作用，既节省了时间，又为学生提供了在课堂中进行真实交际的可能性。信息差活动具有自发性和不可预知性，学生在完成任务的同时，必须通过真正的交流才能填补自己所不知道的信息，在本节课中则是通过阅读、分享和写作达成的。

北京师范大学附属实验中学　王　薇

北师大版高二 Module 7 Unit 21

Communication Workshop（Period Ⅱ）

教学基本信息	
课题	Module 7 Unit 21 Communication Workshop（Period Ⅱ）
教材	北师大版高中英语选修七
课型	阅读、写作课

一、教学背景

（一）教学内容

本次写作的类型为辩论性写作。该类型与新托福考试中的独立写作类似，对于国际班学生来说比较有吸引力。写作话题为"陷入昏迷的人是否需要用呼吸机维持生命"。该话题来源于国际上知名的"特丽夏沃案件"，是一个有关人性与道义的辩论话题。本课时为"Communication Workshop"的第 2 课时。在第 1 课时中，学生已经跟着教师阅读了"特丽夏沃案件"文本，并学习了相关的背景知识。在第 2 课时中，教师可从视频"特丽夏沃案件"入手，用思维导图的方式展现该案件的矛盾冲突，引出写作话题。在探究此话题意义的过程中，学生基于阅读文本找出不同人对于此话题的观点，并画出思维导图。同时，教师引导学生用思维导图搭建辩论性写作的框架，罗列出相关语言，并用自由讨论的方式激活学生对于这一话题的思考，帮助学生厘清写作思路，学会"整合观点—关联结构—发展思维"这一写作方式。最后，学生通过撰写这一话题文章，学会尊重和善待生命，并以积极的态度面对生命中的每一种可能性。

（二）学生情况

授课对象为实验中学国际班的学生。全班共有 23 名学生，其中，托福成绩在 110 分以上的有 1 人，在 100 分以上的有 1 人，在 90 分以上的有 2 人，在 80 分以上的有 6 人，在 70 分以上的有 5 人。在每次年级统考中，该班成绩都能位于前列。该班学习氛围较好，学生普遍能主动提出问题，发现自己的问题并根据教师的建议试图解决问题。但是大部分学生还存有享乐主义思想，课后不能及时进行知识点的消化与能力提升，需要教师经常督促与提醒。

（三）课前学情分析

课前学情分析主要是分析学生的学习需求，调查学生对思维导图的理解程度、对所学话题背景知识的了解程度、已有知识以及表达能力。方式为问卷调查、测试、作品分析及访谈。经过数据分析，结果显示如下：

1. 问卷调查

（1）调查问卷 A

问卷 A 主要是调查学生对英语写作方法、思维导图这一概念与方法的使用情况。

在全班学生中，22 名学生认为英语写作很重要，16 名学生认为自己的写作水平一般，8 名学生对自己写作水平的提高缺乏信心。14 名学生在写作时会列出大纲，但是 20 名学生在写作前不会利用图表帮助构建文章框架。16 名学生指出，写作时最常面对的问题是思路混乱，没有清晰的框架，14 名学生指出写作内容空洞，词汇储备不够。他们都听说过并使用过思维导图，但是在英语写作中使用还比较少。22 名学生表示愿意尝试新的写作方法。

（2）调查问卷 B

问卷 B 主要是分析学生对于写作内容"陷入昏迷是否需要呼吸机"的已有知识和经验，考查他们在阅读前对这一话题的认知情况，阅读时归纳概括各方观点的能力，阅读后对该话题所涉及的语言及文化背景知识的需求，以及对该话题深入思考的能力。

大部分学生对该话题来源的案件表示陌生，仅有 1 名学生听说过相关内容。在阅读时，他们对于此话题表示了关注和兴趣，能将文本中 Terri's husband，parents，doctors 的有关观点找出来。但是 16 名学生对于辩论性写作的结构表示困惑，不知道是否需要将正反两个观点都展现出来。在阅读后，学生对 expose sensitive issue，stimulation，sacred，permanent 等词表示陌生。学生对于该话题的看法各不相同，9 名学生支持该观点，12 名学生反对该观点，2 名学生持中立态度。

2. 测试

教师通过每课的单词听写与此次月考英语成绩，分析学生的学习能力以及阶段性学习效果。经检测，每课单词听写总有 2～3 名学生不通过（及格分为 80 分）。在此次海淀区期中统考中，本班学生平均分为 83 分，超过理科精英班 8 分，超过普通平行班 12～15 分。

3. 作品分析

学生每周写一篇托福话题作文。学生总体写作能力较强，用例子阐述观点的能力较强。但逻辑能力仍需加强。多数学生只能想到一方观点，很难找出对立观点的论据。部分学生语言表述欠佳，因此，实际写出的语言经常与想表述的观点不符。

4. 访谈

教师抽出班级月考成绩为好、中、低的三名学生代表进行访谈，具体了解他们对于辩论性写作与思维导图的认识。学生表示希望用思维导图展现出对立面观点的论据，并继续学习有关该话题的语言与连接词。成绩好的学生希望在整体上把握辩论性写作的结构，并对这一话题发表了自己独到的见解。成绩较差的学生不知道如何绘制思维导图，希望在小组内与同伴互助互学，交流观点。

(四)技术准备

专业录课室,两台机器实录 45 分钟。多媒体资料包括教师演示文稿、教学课件、学案等。

二、教学目标

(一)知识与技能

· 学生能够基于阅读文本,找出该话题的不同观点。
· 学生能够总结出辩论性写作的结构与细节性语言支撑。

(二)过程与方法

学生能够基于讨论,写出有关该话题的辩论性作文。

(三)情感、态度、价值观

学生能够学会尊重和善待生命,并积极面对生活中的每一种可能性。

三、教学重点和难点

(一)教学重点

基于阅读文本,找出话题观点,总结写作结构,并提炼语言。

(二)教学难点

运用思维导图激活学生思维,让学生发表对于该话题的观点,并合理提取有效语言,从而生成个性化写作。

四、设计思路

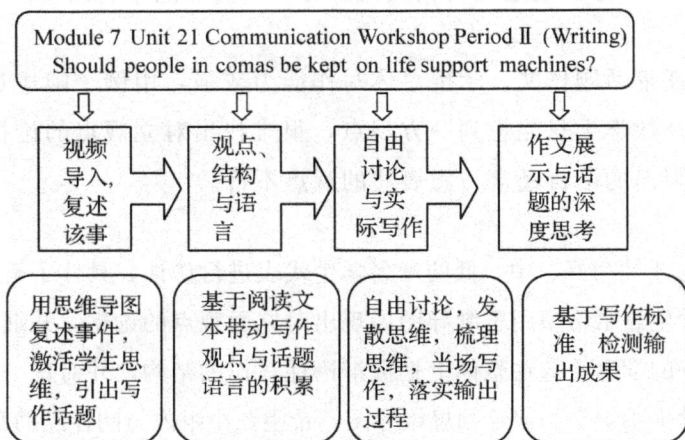

五、教学过程

教学环节		教学活动	设计意图	时间安排
Stage 1 Lead-in	Step 1	Ask the students to watch a video about Terri Schiavo to review the case.	集体活动。用视频吸引学生注意力，让学生根据视频回顾该阅读文本的事件。	1 min
	Step 2	The students retell the story of Terri according to the timeline and plot in the mind map.	集体与个人活动。让学生根据视频中的时间线与剧情，按照思维导图复述该事件的矛盾冲突，激活学生思维，引出今天的写作话题。	2 mins
Stage 2 Pre-writing	Step 1	The students find out different opinions in the text and draw a mind map on them.	个人与小组活动。通过画思维导图帮助学生整理出文本中有关该辩论性话题的不同观点，激发学生思维，辅助学生记忆观点。	10 mins
	Step 2	The students summarize the layout of a discursive essay based on their own mind maps.	集体活动。基于学生画的思维导图，引导学生概括出辩论性写作的结构。提升学生对于话题性写作谋篇布局的能力。	2 mins
	Step 3	The students summarize the detailed information in the text as language support for writing.	个人与小组活动。基于文本，帮助学生总结出辩论性写作结构中各部分的细节性语言支持与逻辑连接词。	8 mins
Stage 3 While-writing	Step 1	The students have a free discussion on the writing topic and present their arguments "for" and "against".	结对与个人活动。学生从辩论的角度思考该写作话题，自由讨论并进行口头语言输出，发散思维，整理思维，为实际写作做铺垫。	5 mins
	Step 2	The students write a discursive essay on this topic.	个人活动。让学生在课堂上落实这一辩论性话题的写作过程。	10 mins
Stage 4 Post-writing	Step 1	The students present their writing based on the evaluation form.	个人与集体活动。基于写作评价标准，检测学生的写作成果，为以后的写作修订做铺垫。	5 mins
	Step 2	The students think about the life issue after their writing on this topic.	集体活动。通过该写作话题的讨论与撰写，启发学生深度思考如何正确对待生命。引导学生尊重与善待生命，并积极面对生活中的每一种可能性。	2 mins
Stage 5 Homework		1. Polish your writing. 2. Extra-reading：Coma，Types，Causes，Treatment，Prognosis. 3. 同步测：Unit 21 Communication Workshop pp. 88-89.	让学生根据写作评价标准检测修订自己的文章，并通过课外阅读篇章了解更多关于该话题的背景知识。同步练习帮助学生落实课文的核心知识点，加深学生的记忆。	

六、本教学设计的特点

这是一节基于学情分析、运用思维导图辅助的英语辩论性写作课。它是本单元的第 2 课时——写作。本教学设计的特点如下：

第一，写作课堂教学设计主线清晰，让学生通过整合写作观点—概括写作结构—提炼语言支持的方式，落实当堂写作。让学生在写作中不断学习整合、关联、发展的方式，锻炼了实际"写"的能力。在理解和表达的语言实践活动中，融合知识学习和写作技能发展，构建以话题为引领的辩论性写作。让学生在分析话题的过程中发展思维品质，塑造正确的人生观和价值观。

第二，将思维导图的不同形式运用于写作当中，帮助学生拓展思路、发散思维、突出主题、选取词条、明晰结构。教师基于思维导图可视化的特点，展示所有描写元素的内在联系，从而帮助学生对作文进行整体布局。学生通过绘制思维导图，确保行文脉络清晰，文章结构完整，拓展词汇，复习已知。整节写作课气氛活跃，激发了学生的写作兴趣，让学生产生学习写作的内部动机。

第三，再度关注学情分析，踏实做好课前—课中—课后的学情分析。在前期教学准备过程中，教师协同学生共同完成两份调查问卷、访谈等材料，用数据进行学情分析。教师根据数据得知学生认知水平及学习需求，将他们感兴趣与有障碍的地方融入教学设计中，并调整了教学目标，增添和删减部分教学内容。例如，在视频导入、思维导图展示中，教师基于学生情况将图片时间线、剧情线进行调整。在写作前的观点归纳、结构总结、语言支持等方面结合学生实际能力增添手绘思维导图、黑板板书等环节。

第四，构建集内容、语言、行文逻辑、字数、标点等于一体的写作评价体系。在课堂落实写作之后，教师邀请一名学生在课堂展示作文。口头输出之后，教师根据写作评价表格对该学生的作文予以当场点评，将好的观点、语句、逻辑连接词等标记出来以示范本，规范学生写作习惯与评价意识。

七、教学反思

本节课做得比较好的部分：第一，课堂生成的思维导图形式比较多样，对发散学生思维起到了良好的作用。学生在后期自由讨论环节中发表的观点比较丰富和深刻。第二，学生在当堂写作中运用了整合写作观点—概括写作结构—提炼语言支持的方式，在实际写作过程中不再有畏难情绪，真正做到有话可写。不足的地方：第一，上台绘制思维导图的小组可以在台下多点时间阅读和画出文本，不然直接上台要讨论很久。第二，因技术和灯光原因，幻灯片上展示的学生作文显示得不是特别清楚，教师也得一直蹲着操作幻灯片的指针选项，画出内容、逻辑、语言等比较好的部分，较为吃力。

作为对一种新的写作方式的尝试，本节课还有一些需要改进之处。因为新闻结构的特殊性，学生读了标题和段首之后，就知道了该新闻故事的基本信息，续写只能作为细节的补充，无法像写小说故事那样做到完全不可预知，无法充分发挥学生的想象力。另外，学生的写作速度也无法达到完全一致，在本堂课中，教师为每个任务留的写作时间是 3 分钟，这对于大部分学生来说很充足，但对于少数基础薄弱的学生来说是不够的。因此，在今后的教学中，教师应该根据学生不同的语言层次，分层设计教学任务。

北京师范大学附属实验中学　杨健雅